U0948727

世界情报史丛书

·人物卷·

THE FINAL MEMORANDA

MAJOR GENERAL
RALPH H.
VAN DEMAN
USA RET. 1865-1952 FATHER OF U.S.
MILITARY
INTELLIGENCE

美国情报之父

范德曼少将

[美]拉尔夫·范德曼（Ralph H. Van Deman）|著　[美]拉尔夫·韦伯（Ralph E. Weber）|编

小毛线|译　夏小贵|校

金城出版社
GOLD WALL PRESS
北京·2021

图书在版编目（CIP）数据

美国情报之父范德曼少将 /（美）拉尔夫·范德曼（Ralph H. Van Deman）著；（美）拉尔夫·韦伯（Ralph E. Weber）编；小毛线译 . — 北京：金城出版社有限公司，2021.6

（世界情报史丛书）

书名原文：The Final Memoranda: Major General Ralph H. Van Deman, USA Ret., 1865-1952: Father of U.S. Military Intelligence

ISBN 978-7-5155-2133-6

Ⅰ . ①美… Ⅱ . ①拉… ②拉… ③小… Ⅲ . ①拉尔夫·范德曼（Ralph H. Van Deman，1865—1952）—传记 Ⅳ . ① K835.617

中国版本图书馆 CIP 数据核字（2020）第 261153 号

美国情报之父范德曼少将

著　　者　［美］拉尔夫·范德曼
编　　者　［美］拉尔夫·韦伯
译　　者　小毛线
责任编辑　李　涛
责任校对　李凯丽
责任印制　李仕杰
开　　本　710 毫米 × 1000 毫米　1/16
印　　张　13.25
字　　数　240 千字
版　　次　2021 年 6 月第 1 版
印　　次　2021 年 6 月第 1 次印刷
印　　刷　天津旭丰源印刷有限公司
书　　号　ISBN 978-7-5155-2133-6
定　　价　69.80 元

出版发行　**金城出版社有限公司**　北京市朝阳区利泽东二路 3 号（100102）
发 行 部　（010）84254364
编 辑 部　（010）84250838
投稿邮箱　balimist0213@163.com
总 编 室　（010）64228516
网　　址　http://www.jccb.com.cn
电子邮箱　jinchengchuban@163.com
法律顾问　北京市安理律师事务所　18911105819

拉尔夫·范德曼（Ralph Henry Van Deman, 1865—1952）

丹尼斯·诺兰（Dennis Edward Nolan, 1872—1956）

马尔伯罗·丘吉尔（Marlborough Churchill, 1878—1947）

N O T   F O R   P U B L I C A T I O N

Memorandum:

San Diego, California
April 8, 1949

The following memorandum is in no sense to be considered an official document. Nor is it to be considered as a personal history of the writer. It is not for publication. It consists of certain incidents pertinent to the history and development of the Military Intelligence service of the United States Army which can now be recalled by the writer after nearly fifty-five years experience in intelligence work. It is more than possible that there may be some minor discrepancies in this work, since, with the exception of a few dates, the writer has had to depend entirely on his unaided memory, without notes of any kind, in its preparation. It has been written because very few of the persons connected with the early history of Military Intelligence in our Army are still alive and the writer believes it would be interesting for those now interested in that work to know something of its development as seen by one who was intimately connected with the incidents related.

R. H. Van Deman
Maj. Gen., U.S.A., Ret.

Anyone who is interested in Military Intelligence work in the United States knows there was no government organization or group

范德曼的备忘录局部（共64页，1949年4月8日）

美国陆军少将范德曼及其妻子艾琳（Irene, 1889—1961）的墓碑

（位于美国加利福尼亚州圣迭戈罗斯克兰斯堡国家公墓）

目　录

前　言

迄今为止，市面上还没有一本关于拉尔夫·范德曼的传记。而他从来没有就他奉献一生的情报生涯——（按他自己的话来说）“55年”[1]的岁月和“美国军事情报之父”的头衔——写过什么东西。

1949年，84岁的范德曼在题为“备忘录”的三篇手稿的第一篇中，对他的继任者写道：

> 由于陆军中现在很少有在世者了解美国军事情报的早期历史，我相信，那些对此感兴趣的人会愿意通过一个与相关事件关系密切的人的视角，了解军事情报的发展。

第一篇备忘录引人入胜地记述了19、20世纪之交军事情报在美国和菲律宾的起源。

后两篇手稿不仅是备忘录，更是回忆录。它们不但富有历史细节，而且饱含一个将一生奉献给美国国家安全的人的品质和性格。

从备忘录的叙述中可知，第二篇（日期标注为1950年）和第三篇（日期标注为他去世前六个月）手稿是范德曼口述的，但他没有审定。它们显然是口述的初稿，而且看上去记录者对相关词汇和姓名不熟悉，标点也不符合第一篇手稿的习惯，句法更是未经审定的典型口述风格。

出于阅读便捷和尊重文本完整性的需要，本书改正了拼写和印刷错误，

1　据范德曼写于1949年4月8日的“备忘录”（见本书正文第3页）可知，这里所说的“55年”指的是1895至1949年。——编注（以下除标有“原注”“编注”外，均为译注）

标点和句法则保持原样。读者应当牢记，范德曼没有机会审定第二篇和第三篇备忘录的草稿。后人试图修订，非但无法阐明，反而会扰乱他的叙述。

在本书中，我在“背景”部分附上了范德曼在1916年写给战争学院院长M. M. 马科姆（M. M. Macomb）将军的两篇备忘录。他在33年后所写的备忘录里提到了这两篇。第一篇呈现了当时美国军事情报的状况；而就算写给一位支持自己的上级军官，第二篇对于一位低级军官来说可谓大胆之作。第二篇还包括美国参加第一次世界大战前，范德曼在战争学院院长约瑟夫·E. 库恩（Joseph E. Kuhn）手下所做的工作。这些工作为他成为“美国军事情报之父”打下了坚实的基础。

感谢陆军上校马克·B. 波维（Marc B. Powe），允许我在本书中收录他的文章《美国军事情报成熟时：对一个男人和他的时代的概述》，并作为本书的导言。

感谢陆军部反情报处和位于亚利桑那州华楚卡堡（Fort Huachuca）的美国陆军情报中心与情报学校（U.S. Army Intelligence Center and School），允许我公开范德曼的备忘录手稿。1949年、1950年、1951年的这三篇备忘录收藏在该情报中心，1916年的两篇备忘录收藏在美国国家档案馆。

拉尔夫·韦伯

加利福尼亚州拉格纳海滩

导 言 范德曼：一个男人及其时代概述[1]

研究美国军事情报的学者很快就会遭遇美国军事情报史上的两大根本性问题——美国军事情报起源于何时？谁又是它的领导者？有意思的是，美国革命[2]和第二次世界大战都曾被视为美国军事情报的起点。而且丝毫不令人惊讶的是，乔治·华盛顿（George Washington）和“野蛮的比尔”威廉·多诺万[3][William J.（“Wild Bill”） Donovan]都曾被认为是“美国军事情报之父”。华盛顿只处理过战术情报，而且几乎是亲力亲为，看上去没留下什么思想遗产。多诺万则充满创造力地建立了一个影响深远的战时机构，整合了多种技术。然而，战略情报局[4]虽然表现不俗，但并非凭空而起。因此，我们需要寻找这两个时代和这两位领导者之间的关系。

时代的交汇点出现在迈向第一次世界大战的 19、20 世纪之交，此时战争部（Department of War）的情报工作开始制度化。[5]其中，拉尔夫·范

---

1 此篇作者为美国陆军上校马克·B. 波维，文章原名《美国军事情报成熟时：对一个男人和他的时代的概述》（*American Military Intelligence Comes of Age: A Sketch of a Man and His Times*）。——编注

2 即独立战争。

3 威廉·多诺万（1883—1959），美国军人、政治家，曾任情报协调局局长（1941—1942）、战略情报局首任局长（1942—1945）。

4 战略情报局（Office of Strategic Services，简称 OSS），是美国在二战时期设立的情报组织（1942—1945），是现在中央情报局（Central Intelligence Agency，简称 CIA）的前身。

5 罗伯特·H. 韦伯（Robert H. Wiebe）的开创性著作《寻求秩序（1877—1920）》（*The Search for Order: 1877-1920*，纽约：希尔 & 王出版社，1967 年）显示，值得注意的是，当时美国很多工作都开始制度化。有关陆军部在这一领域的发展，参见马克·B. 波维的文学硕士学位论文《陆军部情报机构的出现（1885—1918）》（堪萨斯州：堪萨斯州立大学，1974 年）。——原注

德曼在这一进程中发挥了重要作用。范德曼（他的名字和海员押韵[1]）似乎足以被视为在美国情报史上起到开创性作用——尽管他在今天知名度依然不高。为了理解这位“情报天才”的贡献和他当前默默无闻的原因，我们有必要评价一下范德曼及其所处的时代。

人们普遍误以为，一战时期，战争部里高效的情报组织和美国远征军[2]“同时出现”。事实并非如此。战争部情报机构组织化的开端可以追溯到 1885 年，即海军情报处建立三年后[3]。直接原因是战争部长希望获得有关某外国军队的情报。陆军副官长[4]R. C. 德拉姆（R. C. Drum）报告称，他手上不仅没有情报，而且军队缺乏一个有效的系统获得这份情报。不久后，陆军副官长办公室就成立了军事信息司[5]，主要任务是“搜集中美洲、新墨西哥、古巴、加拿大和可能一到两个其他国家港口的海岸防御和内陆地形信息”。

当时，人们设想将陆军军官作为驻外武官派出国去“搜集这种信息，当我们政府要和其他国家作战时，这些信息将会发挥作用”。然而，在陆军武官系统于 1889 年建立前，州和领地[6]的陆军副官长已经得到命令，要向军事信息司提供他们所指挥的国民警卫队和民兵武装的信息。后来，军官作为驻外武官，被分派到五大首都（维也纳、伦敦、柏林、巴黎和圣彼得堡）。他们身上背负着特别的指示，包括需要向军事信息司提供什么样的信息。[7]

---

1 指的是德曼（Deman）和海员（Seaman）的英文韵脚相同。

2 美国远征军（American Expeditionary Forces，简称 AEF），第一次世界大战期间，美国派往欧洲参加协约国对德作战的部队。——编注

3 《陆军和海军日志》，1885 年 10 月 10 日，海军情报局办公室的人员名单。当时的报纸都把新机构叫作一个“情报”局，可是官方一直到 1917 年才正式将“情报”一词用于该机构名称中。——原注

4 陆军副官长（adjutant general）是美国陆军的高级职务，主要负责人事。

5 军事信息司（Military Information Division，简称 MID），参看本书“导言”第 x 页注释 4。

6 领地（Territory），指的是美国历史上为管理新获得领土而设立的行政区划。例如，如今的亚利桑那州在 1863 至 1912 年叫作“亚利桑那领地”，直到 1912 年才正式建州。

7 呈交给陆军部次长的备忘录“有关副官长办公室军事信息司的诞生、成长和工作的简要提纲”。备忘录上有助理副官长 W. A. 辛普森（W. A. Simpson）在 1902 年 2 月 21 日的签名，收藏在美国国家档案馆。本备忘录在后文中均简称“辛普森备忘录”。——原注

军事信息司在美西战争之前数年间就已经发展了起来。到了 1898 年，它手下就有 20 多名官员，还有 16 名驻外武官和 40 名在民兵队伍工作的官员向军事信息司提供信息。美西战争爆发时，军事信息司司长是阿瑟·L. 瓦格纳（Arthur L. Wagner）少校。他是当今美国陆军指挥与参谋学院（U.S. Army Command and General Staff College，简称 USACGSC）创始人，也是当时最优秀的军人之一。瓦格纳曾在莱文沃思堡的课堂上呼吁建立一个军事情报机构。现在，他有机会实现自己的理念了。[1]

驻外武官搜集的信息几乎将西班牙在古巴的士兵数目精确到个位数。军事信息司勾勒出西班牙在岛上堡垒的完整分布图。它在菲律宾也进行了类似尝试。信息搜集的全部结果为战争部和麦金莱（McKinley）总统所用。白宫有一份由军事信息司提供的地图，以及古巴气候和地形对美军影响的分析——这是瓦格纳的功劳。[2] 自 1890 年以来，军事信息司主动推进地图绘制和侦察工作。侦察中最为活跃的一名官员是安德鲁·S. 罗文（Andrew S. Rowan）中尉。1891 年以来，他一直为军事信息司在加拿大及其西北地区勘察。1897 年年底，罗文被瓦格纳从加拿大召回，并被赋予一项传奇性的任务——“把信送给加西亚”。加西亚是古巴反抗力量的领导人。为了获得有关波多黎各的更多信息，瓦格纳派亨利·H. 惠特尼（Henry H. Whitney）中尉装扮成英国商船上的船员，参加一次穿行加勒比海、获利不菲的航行。[3]

军事信息司大显身手的时候到了。1897 年 7 月，当时还是少尉的范德曼被派往绘图部门。与瓦格纳少校工作关系密切的他，对军事信息司的工作质量和瓦格纳的职业能力印象深刻。尽管瓦格纳少校直到战争结束才来到古巴，但范德曼还是觉得他在做一项重要的工作。比如，他听取美国探险家和前古巴游击队领导人弗里德里克·芬斯顿（Frederick Funston）的汇报。芬斯顿曾被西班牙人俘获，但后来被释放。信息传到白宫那里，芬

1　阿瑟·L. 瓦格纳撰写了美国第一本有关战术情报的著作《安全与信息机构》（*The Service of Security and Information*，密苏里州：哈德森-金伯利出版社，1893 年）。——原注

2　拉尔夫·范德曼：《回忆录》，1949 至 1951 年的未发表手稿，第一部分，第 3—8 页。——原注

3　辛普森备忘录。——原注

斯顿后来成为美国志愿军的一位将军，前往菲律宾。[1]

当华盛顿对军事信息司大加赞赏之时，战地指挥官似乎对作战情报没那么大的兴趣。美国远征军甫在坦帕[2]开始集结，时为中校的瓦格纳就被派往战地建立一个军事信息部门以帮助入侵。尽管他手中的命令来自陆军指挥官，但让他大倒胃口的是，他被告知无须建立一个军事信息局。不屈不挠的瓦格纳跟上了一支登陆部队，并设法作为骑兵积极参与了圣地亚哥之战和后来在波多黎各的战斗。[3]1898 年秋，他回到了华盛顿，随后在 12 月被派往达科他军区。[4]毫无疑问，瓦格纳给军事信息司和在那里工作的人身上留下了深深的烙印。

至于范德曼，他在华盛顿一直待到 1898 年 12 月。随后，他被派往古巴和波多黎各，显然是为军事信息司搜集信息。1899 年 4 月，他再次被调往菲律宾，担任米沙鄢地区（Visayan District）R. P. 休斯（R. P. Hughes）将军的副手，并在这一岗位上待了两年。[5]在晋升上尉、派回马尼拉前，范德曼做了一些地形分析和绘制地图的工作。由于已经对情报工作产生了兴趣，1901 年 7 月，他很乐意接受帮助建立菲律宾军事信息司的工作。这似乎是他人生的转折点。[6]

范德曼是谁？他 1865 年生于俄亥俄州特拉华，1888 年毕业于哈佛大学。范德曼在法学院读了一年后，回到俄亥俄州，进入迈阿密大学医学院。他在 1891 年担任步兵军官，但陆军部允许他在医学院一直待到 1893 年毕业。在服了一年兵役后，1895 年，范德曼进入位于莱文沃思堡的美国陆军和骑兵学院（陆军指挥与参谋学院的前身），随后接受了有关军事信息司的第一项任务。

等到范德曼执掌菲律宾军事信息司时，这一机构已经令人惊讶地成为

1 拉尔夫·范德曼：《回忆录》，第 5—8 页。——原注

2 坦帕（Tampa），位于佛罗里达州。

3 阿瑟·L. 瓦格纳：《圣地亚哥战役报告》（*Report of the Santiago Campaign*，密苏里州：哈德森-金伯利出版社，1907 年），第 138—140 页。——原注

4 乔治·W. 卡伦（George W. Cullum）：《美国陆军学院职员和毕业生名录》（马萨诸塞州：河滨出版社，1901 年）。——原注

5 拉尔夫·范德曼：《回忆录》，第 5—8 页。——原注

6 陆军部的信件《拉尔夫·亨利·范德曼的兵役记录》，华盛顿特区副官长办公室，1973 年 4 月 26 日。本记录在后文中均简称“兵役记录”。——原注

相当现代的情报机构了。受到分布在菲律宾的情报官员（有头衔的）情报网的支持，军事信息司既为打击叛乱者服务，又能满足军队指挥官和华盛顿的需求。在菲律宾——在陆军也是——一项具有高度优先级的任务就是绘制地图。每名情报官员都要按照军事信息司的指导手册绘制所在地区的地形草图，并在图上标注该地区的交通路线、农业与社会情况等方面的相关信息。位于马尼拉的军事信息司则将结果汇集起来，直接交给华盛顿负责相关情报事务的军事信息司。[1]

当一个秘密线人向范德曼报告，叛乱者策划从邻近沼泽地攻击马尼拉和刺杀政府要员时，范德曼开展战术情报工作的机会来了。通过向阿瑟·麦克阿瑟[2]将军汇报，范德曼满意地发现军事信息司有能力为陆军镇压游击队提供情报。

这次行动让范德曼第一次有机会参与反情报工作，而这正是他后来最知名的工作领域。他的办公室保存着所有被缴获的叛乱者记录。事实证明，这些记录在镇压游击队的战斗中堪称情报宝库。军事信息司雇用了一大批间谍，并且从驻太平洋各处的武官那里获取情报。范德曼充分意识到，反情报工作就是不惜一切代价阻止真实或潜在的敌人搜集有关指令的情报，所以他并未只将目光局限在叛乱者的情报系统。他对日本觊觎菲律宾感到担忧，并率先反对批准日本人进入战争前线。[3]对日本扩张的担忧是范德曼的情报生涯不断出现的关键词。

1902年秋，范德曼返回美国，担任加利福尼亚军区指挥官的副官，随后担任明尼苏达法利波（Fairbault）第二十二步兵师B连连长和第一营营长。1904年，范德曼和其他八名军官获选第一批入学华盛顿的战争学院，成为约翰·潘兴[4]（即将晋升为准将）的同学。范德曼回忆道，军事信息司（是刚刚建立的总参谋部第二司）和战争学院（第三司）之间的密切关系，使

1　《1901年指挥陆军的中将年度报告》，华盛顿特区陆军部，第二部分，1902年11月，第203—204页。——原注

2　阿瑟·麦克阿瑟（Arthur MacArthur，1845—1912），美国陆军中将。在美国殖民统治菲律宾期间，曾任菲律宾总督（1900—1901）。他是美国著名将领道格拉斯·麦克阿瑟（Douglas MacArthur，1880—1964）的父亲。

3　拉尔夫·范德曼：《回忆录》，第10—13页。——原注

4　约翰·潘兴（John Pershing，1860—1948），美国著名将领，第一次世界大战期间任美国远征军总司令。

得人们希望从军事信息司的档案与资料室中获取情报。在接下来的十年中，这一事实给总参谋部带来了特别的影响。有些人认为，在刚刚出现的美国情报系统中，比起独立管理者的身份，总参谋部提供参考资料的功能要更加重要。[1]

范德曼自战争学院毕业后，回到菲律宾，进入第二十一步兵团。1906年6月，他和亚历山大·考克斯（Alexander Coxe）上尉一道被派往中国，执行一项秘密任务——绘制以北京为起点的交通线路图。范德曼在中国又一次目睹了他所说的日本人对邻国领土的觊觎——日本人密切关注在华外国人的行踪就是一例。比如，当范德曼结束长达三个星期的旅行，刚刚回到天津的英租界时，日本在天津邮局的负责人就亲自将一封给他的信送到了他的住处。范德曼问他，为什么一个出于非官方目的前往中国的美国人却能享受到这种待遇？“因为上尉您刚刚从三个星期的旅途中回来。”对方回答道。范德曼质问对方，这封信上写的收件地址明明是美国领事馆，为什么对方知道他在这里。这个日本在天津邮局的负责人提醒范德曼，这个酒店里有个日本厨师。范德曼和考克斯未能在规定时间内完成任务。事实上，当他们在1910年再次赴中国试图完成任务时，日本政府向中国政府抗议允许两人入境。没过多久，他们就被驱逐出境了。[2]

1907年3月，返回华盛顿后，范德曼被任命为军事信息司地图室负责人。他尽管从未说明自己的具体职责，但提到西奥多·罗斯福（Theodore Roosevelt）总统在1907年年初要求军事信息司每周向他汇报日本在全世界范围内的行动。西奥多·罗斯福后来告诉范德曼的上司，他担忧日本也许会攻击美国。军事信息司似乎在“大白舰队”（Great White Fleet）的航行[3]中发挥过积极作用。与此同时，军事信息司地图室也在进行着一项雄心勃勃的绘图计划，使得战争部在一战前就拥有关于世界大部分地区的高质量地图。[4]

1　拉尔夫·范德曼：致总参谋长的备忘录，1916年3月2日，“历史概述”，第7页，美国国家档案馆。——原注

2　拉尔夫·范德曼：《回忆录》，第17—20页。——原注

3　“大白舰队”是美军历史上一支作战舰队的昵称，在西奥多·罗斯福的授意下，“大白舰队”在1907至1909年完成环球航行以展示实力。

4　拉尔夫·范德曼：“历史概述”，第12—13页。——原注

1907 年 6 月，当战争学院从位于华盛顿中心的战争部总部搬到华盛顿营区［Washington Barracks，现在的麦克奈尔堡（Fort McNair）］时，军事信息司的转折点到来了。由于第三司（战争学院）是如此依赖第二司（军事信息司）的地图、档案与资料室，军事信息司不久也搬到了华盛顿营区。第二司负责人强烈反对这次搬迁。不用说，范德曼上尉也不支持搬迁，因为他认为军事信息司应当与战争部每个部门（不能只是战争学院）、白宫、海军部、国务院各部保持联系。尽管战争部各司司长组成的临时委员会都支持军事信息司的看法，但总参谋长还是要求军事信息司搬走。几个月后，第二司和第三司合并，成立了一个由战争学院主导的新的第二司。范德曼后来成功地请求重建独立的军事信息司，而他在请求中写道，合并军事信息司和战争学院的职能，占用了太多精力，使得第二司的两个功能总有一个受到影响。事实上，情报这一功能就受到了影响。[1]

尽管早在 1908 年，就有人向总参谋长表达了类似观点，但是并没有什么用，新的第二司建立了。范德曼一直到八年后才解决了这一问题。

当范德曼在总参谋部例行的三年轮值期在 1910 年结束后，第二司司长又让范德曼留任六个月，让他完成“数年来积累的大量地图”的分类整理工作。任务完成后，范德曼再次前往马尼拉，进入菲律宾军事信息司。

在这两年间，范德曼继续密切参与绘制中国地图的计划。他认为，从长远意义来看，绘制中国地图的计划和在菲律宾的其他情报工作都应当由马尼拉的军事信息司专门负责，因为此时华盛顿已经没有负责国外情报活动的机构。他认为必须阻止这种将美国战略搜集工作去中心化的趋势。[2]

1912 年 5 月，第二十一步兵团返回华盛顿州温哥华营区后，由在绘制地图方面有点名气的范德曼负责教授“地形学和地图”课程。1914 年年中，范德曼被再次调回第二司担任督察长，并参与第二司在得克萨斯州的集结。[3]这一行动是为了展示美国已做好针对墨西哥的军事准备。这一次行动要比第一次（1911 年）有效得多，它成功组建了一个“机动”部门，为三年后的战争动员提供了帮助。[4]不幸的是，除了与墨西哥的可能战争，这些情报

1　拉尔夫·范德曼：“历史概述”，第 12—13 页。——原注

2　拉尔夫·范德曼：《回忆录》，第 26—30 页。——原注

3　“兵役记录”。——原注

4　1910 至 1917 年墨西哥民主革命期间，美国两次武装干涉墨西哥。

力量直到1914年之前都无用武之地。

1915年年初，范德曼晋升为少校，并被调回总参谋部。他在这里为美国陆军和美国军事情报做出了最大的贡献。

佩顿·C.马奇（Peyton C. March，当他在1918年成为总参谋长时，情报工作已经有所改善）将军总结了战争部——尤其是范德曼——所面对的军事情报问题：

> 我发现，在总参谋部各司中，军事情报司是不那么重要的一个部门。这令人难以置信，但当我们参战时，它只有两个军官和两个秘书。世界上大国军队的总参谋部都有一个负责搜集军事情报的部门，而且其规模和总参谋部负责军事计划、作战和后勤的其他部门不相上下。[1]

事实上，范德曼1915年7月来到战争学院时，所遭遇的情况比马奇将军所说的还要糟糕。他发现，华盛顿没人负责原来军事信息司的工作，更没人负责任何情报工作。美国国内外各地的情报工作完全各行其是。尽管欧洲战火已经点燃了九个月，美国观察者不断详细地报告战局，但没有任何一个系统负责将这些有关战争的信息报告给总参谋部、战争部下属部门或联邦政府。此外，范德曼发现一张桌子上“堆满了”来自墨西哥边境的报告，却没人整理。简而言之，整个战争部的情报工作就是在随意地堆积报告。[2]范德曼意识到，尽管战争危险迫近，但战争学院收到的绝大多数信息都没有交给陆军，陆军也没有任何情报管理工作。因此，范德曼通过战争学院院长向总参谋长提交了数份备忘录，呼吁在总参谋部重建军事信息司。“战争学院院长批准了我的备忘录，但总参谋长完全无视它们。”其中最重要的一份，日期标为1916年3月2日，是他对陆军军事信息功能的“历史概述”。这份备忘录完美地总结了1885年到当时的历史，出色地分析了拥有一个独立、平等的情报部门的重要性。[3]

1　佩顿·C.马奇：《战争民族》（纽约州，1932年），第226页。——原注

2　拉尔夫·范德曼：《回忆录》，第30—31页。——原注

3　拉尔夫·范德曼：“历史概述”，第19页。正如范德曼所言，时任总参谋长伍德（Wood）将军早在1913年就看出了问题。他提出了改善情报管理工作的建议，但是战争学院并未遵照。——原注

在当时的工作安排下，情报职能附属于战争学院，这一“系统”是完全被动的。不存在一个中心化或初步的机构负责陆军的情报工作。问题的根源在当时（现在也是如此）是：

> 最重要的信息——没有它，无法制订战争计划——却并不是自然而然或日常出现的。人们必须主动获得、追踪并探明这些信息。[1]

这份直言不讳、长达32页的“历史概述”，最终得出了一个相当坦率的结论：自1908年以来，情报工作在稳步下滑。从情报的视角来看，总参谋部正处于1903年以来最糟糕的境地。

战争学院院长马科姆准将是一位经验老到的情报搜集者。在将备忘录转交给总参谋长前，他不仅赞同范德曼的观点，而且还加上了自己的评论，认为让一个人主导战争计划工作实在太难了。尽管备忘录并未立刻达到所期望的结果——成立一个独立的军事信息司，但是战术情报工作却有所改善。1916年4月，上级要求，“由于环境所需”，司长可以从本部门和下属官员中选拔一名情报官员。[2]

在美国参战[3]前的这一年间，范德曼和战争学院院长约瑟夫·E. 库恩准将一道解决情报工作上的问题。库恩也曾为之前的军事信息司搜集过信息。事实证明，他和前任院长一样理解对情报的需求。1916年年底，库恩决定取消当前战争学院的课程，从而让这些军官“广泛研究来自国外的军事情报报告，整理的信息也许可以交给军队”。他也尝试从总参谋长休·斯科特（Hugh Scott）将军那里获得授权，建立一个项目，寻找并训练称职的国民警卫队军官从事战术情报工作。美军开始动员时，这一项目为美军情报官员队伍提供了核心成员。[4]

不过，库恩将军最大的帮助是允许范德曼在战争学院新组建的情报网中自主行事。1917年4月11日，库恩将军告诉总参谋长（美国参战后

1 拉尔夫·范德曼：“历史概述”，第32页。——原注

2 对这一问题的分析，参加波维的著作，尤其是第四章的内容。——原注

3 1917年4月。

4 拉尔夫·范德曼：致总参谋长的备忘录，1917年4月11日，“情报工作的组织”，美国国家档案馆。——原注

不到一周），在过去一年里，他的情报部门一直在从事秘密情报工作。范德曼和政府各文职部门——如国务院、司法部和拥有信息搜集职能的财政部——一道合作，重建了战争部的情报部门。此外，库恩和范德曼还劝说战争部长，争取国会有关“临时费用——总参谋部军事情报司”100 万美元的拨款。因此，一旦战争爆发，范德曼既有理念框架，又有其他政府机构的支持，更有运行资金。[1] 简而言之，范德曼为美国第一个全国情报系统奠定了基础。

奇怪的是，即便是参战，也没有让军事信息司以独立机构身份重建。经库恩将军批准，范德曼少校求见总参谋长，并陈述自己的观点。他发现斯科特并不赞同自己的观点。斯科特觉得美军没理由拥有一个军事情报机构。他认为，如果英军和法军已经有类似的机构，并且已得到有关敌军的必要信息，那么美军应当对它们说：“我们做好准备了——如果你们能够把你们情报机构得到的有关敌人的必要信息交给我们，那么我们会十分满意。”范德曼求见两三次后，斯科特生气了，要求范德曼不要再费心搞什么情报工作组织了。[2]

不能否认，库恩和范德曼为此做出了共同努力。通过各方的压力——包括范德曼动用了一个共同朋友的关系，这个问题还是让战争部长牛顿·贝克尔[3] 注意到了。1917 年 5 月，上级下令，如库恩所提议的那样，战争学院建立了军事情报分部[4]。这对于范德曼和美国陆军情报工作而言，算得上一次辉煌的胜利。[5] 此外，这也重新体现了罗脱[6] 的想法：一个总参谋部包含着分别负责军事情报和军事行动的两个既独立又相互协调的部门。然

1　拉尔夫·范德曼：致总参谋长的备忘录，1917 年 4 月 11 日，“情报工作的组织”，美国国家档案馆。——原注

2　拉尔夫·范德曼：《回忆录》，第 33—34 页。——原注

3　牛顿·贝克尔（Newton Baker，1871—1937），第一次世界大战期间任美国战争部长。

4　军事情报分部（Military Intelligence Branch，前身为军事信息司）在 1917 年 5 月重建时为战争学院下属部门，1918 年 8 月划归总参谋部，升格为军事情报司（Military Intelligence Division）。参见本书附录二“第 64 号备忘录”（1918 年 8 月 28 日）。

5　拉尔夫·范德曼：致总参谋长的备忘录，1917 年 5 月 11 日，“总参谋部军事情报部门的恰当组织形式”，美国国家档案馆。——原注

6　罗脱（Elihu Root，1845—1937），美国律师、政客，曾任战争部长（1899—1904）、国务卿（1905—1909）。

而，战事紧迫，他们来不及做任何庆祝。

新的军事情报部门应该是什么样？它的方法和任务是什么？它从哪里招募人员？范德曼承认，“在过往的战争中，我们从来没有尝试过现在我们必须要进行的工作”。他宣称，他们只能随机应变。总而言之，新部门将会设置一个行政分部以管理情报搜集工作，设置一个信息分部以处理间谍工作和反间谍工作，并设置一个督察分部。[1]

范德曼不久就起草了一份详细报告，陈述了在全国层面开展情报工作的必要性。他为美国的军事术语引入了两个名词——消极情报（阻止敌人获取情报）和积极情报（利用一切资源搜集关于敌人的情报）。这份备忘录提出，美国军方、文职机构和友好的外国机构之间需要建立一个情报协调机制。备忘录的结论是，由于这里的情报是军事情报，而唯一能够在如此大的范围内有权运作的机构只有战争部总参谋部，所以协调职能应当属于战争学院军事信息司。事实上，美国的战时情报工作就是这么开展的。[2]

美国参战 18 个月后，一战就结束了。读者也许会怀疑，情报工作在之前 32 年内一直未能正规地开展起来，那么在这么短的时间内，又能取得什么成果？范德曼的继任者马尔伯罗・丘吉尔[3]准将在战后写道：

> 分派给战争部军事情报司的工作范围是如此广泛，以至于有这么一种趋势：官员们要么对工作范围的认识十分模糊，要么只理解情报工作的其中一个环节，而漠视其他许多环节……比如，一名军官如果在法国的作战部队工作，那么很可能只想着战术情报……另外，一名官员如果在战争期间不幸留在国内，那么很可能把军事情报司视为一个调查机构，或者类似军事秘密警察的存在（需要补充的是，这两个环节都发挥着各自的作用）……前者需要不断搜集外国完整的地图和地形手册，涉及的地区是我们有可能采取军事行动的地方……而分派

1　拉尔夫・范德曼：致总参谋长的备忘录，1917 年 5 月 11 日，“总参谋部军事情报部门的恰当组织形式”，美国国家档案馆。——原注

2　拉尔夫・范德曼：致总参谋长的备忘录，1917 年 5 月 13 日，“开展秘密情报工作的方法”，美国国家档案馆。——原注

3　马尔伯罗・丘吉尔（Marlborough Churchill，1878—1947），美国军官，是英国首相温斯顿・丘吉尔的远亲。

给军事情报司的另一项重大职责，包括在我们政府信息工作中发挥作用……（获得）……关于外国军队的情报。[1]

到停战时，军事情报司已经雇用了 282 名官员、29 名士官和近千名文职人员。他们组成的情报网“不仅对战争部具有至高无上的价值，而且还为国务院、司法部和其他政府部门及战时委员会提供信息”[2]。

可是，“无论什么时候，为本情报部门执行任务的正规军军官不超过六名”。那么，其他人是从哪里冒出来的呢？1917 年年中，已经是中校的范德曼有权任命符合资质的文职人员担任陆军士官（commissioned officer），而且十分高效地运用了自己的这个权力。赫伯特·雅德利[3]是美国早期的一位密码破译专家，担任后来我们所知的“美国黑室”[4]负责人达 12 年之久，他的叙述可以让我们有趣地一窥这一流程。美国参战时，作为国务院一名译电员的雅德利，坚信美国必须要像其他欧洲国家一样，建立一个密码工作机构，从敌人通信中搜集信息。但是，他该向谁提出这一建议呢？他不久就了解到，范德曼少校正在尝试建立一个情报工作机构。他和范德曼面谈了一次。范德曼很快雇用了他，任命他为中尉，并负责密码局[5]的工作。[6]

范德曼和他一直以来的助手亚历山大·考克斯上尉（后来晋升上校）面临三重挑战：第一，“由于美国人口成分复杂，产生了多种国内问题”；第二，需要维持美军士气；第三，向美国远征军“提供对其战斗有用的一切情报”。也就是说，他们需要关注美国的亲德情感和潜在的反英情绪，

1 马尔伯罗·丘吉尔：《总参谋部军事情报司》，《美国炮兵日志》，1920 年 4 月，第 293—295 页。——原注

2 佩顿·C. 马奇：《战争民族》，第 226 页。——原注

3 关于赫伯特·雅德利（Herbert O. Yardley）的传记，参看［美］戴维·卡恩：《偷阅绅士信件的人：美国黑室创始人雅德利传》，宋倩、王鹏译，金城出版社，2018 年。——编注

4 关于“美国黑室”（American Black Chamber）的更多资料，参看［美］赫伯特·雅德利：《美国黑室》，何卫宁译，金城出版社，2018 年。——编注

5 密码局（MI-8），即美国黑室，是美国陆军安全局的前身。——编注

6 赫伯特·雅德利：《美国黑室》（纽约，1931 年），第 34—35 页。这本引起世界轰动的作品写于国务卿史汀生（Stimson）于 1929 年下令关闭美国黑室之后。这本书问世后，许多国家改变了自己的密码系统。——原注

而这种情感在美国是间谍行动、破坏行动和颠覆行动的温床，而且他们还要以情报和称职的情报人员支持美国远征军。[1]

美国国家安全问题确实棘手。1917 年夏出现了破坏行动，甚至在美国参战前就出现了针对美国的间谍事件。在一阵狂热的反德情绪中，数十家组织致力于追逐美国国内到处存在的间谍。范德曼在这种强大的爱国主义力量中看到了潜力，并帮助建立了一个统一的总机构——美国保卫同盟（American Protective League），并在军事情报司协调他们的工作和报告。他为战争部建立了一个预警防卫系统、身份识别系统，以及采取许多手段提高安全性（包括护照管理系统、负责港口与工业区安全的组织，以及在华盛顿保存档案以支持陆军安全计划的系统）。军事情报司下属部门都是动员来的文职警官。部门分布在美国的八座城市，进行人员安全调查。[2]

为了向美国远征军提供会说法语的情报与安全专家，军事情报司招募了 50 名中士，组建情报警察部队（Corps of Intelligence Police，简称 CIP），即反情报部队（Counter Intelligence Corps，简称 CIC）的前身。[3]

由于多年的情报工作经验，范德曼对情报搜集和分发工作十分熟悉，但当时这一工作的规模和机构的数量确是史无前例的。他从战争学院那里接收了制图室和照相室，也获得了对武官的管理权。如前所述，美国全境都有情报官员，而且美国远征军和协约国政府也会传来情报报告。新组建的空中作战力量能在情报领域极大地促进作战的协调性。情报分发的优先级很高，而情报照常都要传递给总参谋部和美国远征军。而军事情报司负责向白宫和国会大厦提供简要地图。[4]

雅德利的密码局不久就初见成效，为美国政府设计了一套在战争期间发挥作用的密码。雅德利还在墨西哥边境设置了移动无线电截收站，以追踪德国在墨西哥建立秘密无线电台的企图。密码局的另一个重要职能就是发现德国主要间谍的秘密通信，其中包括美国在一战期间唯一因间谍罪被判处死刑的案例。

---

1 拉尔夫·范德曼：《回忆录》，第 50—54 页。——原注

2 拉尔夫·范德曼：《回忆录》，第 56 页。——原注

3 拉尔夫·范德曼：致总参谋长的备忘录，1917 年 8 月 11 日，“情报工作”，美国国家档案馆。——原注

4 拉尔夫·范德曼：《回忆录》，第 39、58—63 页。——原注

1918 年 6 月，在前一年 8 月晋升上校的范德曼被调往海外，接替美国远征军总部 G-2 部门[1] 负责人丹尼斯 · 诺兰（Dennis E. Nolan）的工作。范德曼明白，自己已经达到了陆军生涯的巅峰。如果我们简要概述范德曼的贡献，那么可以说，他在美国军事史上第一次建立了一个完整的情报系统，在全国层面将所有可以获得的资源整合了起来。范德曼最重要的思想遗产也许是，尽管经历了两次世界大战之间的艰难时期，他还是发展了一套赋予情报系统以生命的信条。范德曼重建的军事情报司集中了后来许多现代情报机构[2] 的前身——陆军制图局[3]、陆军武官系统[4]、陆军情报局[5]、陆军安全局[6]、国家安全局[7]、国防调查局[8]、工业安全组织（Industrial Security Organization）、陆军情报中心与情报学校，以及陆军内整个战术情报组织。尽管范德曼后来在退休前晋升少将并指挥一个师，但他相信自己最辉煌的岁月是在第一次世界大战期间。

对于军事情报司而言，这一阶段至关重要：如果说它诞生于美利坚合众国早期，那么直到一战时期它才刚成熟。就算范德曼不是美国军事情报之父，那也起码是美国情报教父。范德曼使情报官员成为所有官员中的平等一员，并使政府部门认可其对情报官员的需求，还推动了情报警察部队和密码局的创建。同时，情报官员在工作中的杰出表现，也维持了军事情

1 美国远征军司令部设有人事、情报、作战和保障部门，它们对应的代号是 G-1、G-2、G-3、G-4。

2 参见［美］洛克 · 约翰逊：《国家安全情报》，李岩译，金城出版社，2020 年；［美］杰弗瑞 · 理查尔森：《美国情报界》，石莉译，金城出版社，2018 年 。——编注

3 陆军制图局（Army Map Service），后来更名为国防制图局（Defense Map Service），再后来更名为国家影像制图局（National Imagery and Mapping Agency，简称 NIMA），为如今的国家地理空间情报局（National Geospatial-Intelligence Agency，简称 NGA）的前身。——编注

4 陆军武官系统（Army Attache System），自产生以来一直从事军事外交和军事情报工作，是陆军情报局（Army Intelligence Agency）的重要组成部分。——编注

5 陆军情报局，是反情报部队的后身、陆军情报司令部（Army Intelligence and Security Command）的前身，为如今的陆军情报与安全司令部（United States Army Intelligence and Security Command，简称 INSCOM）的前身之一。——编注

6 陆军安全局（Army Security Agency），是密码局（美国黑室）的后身，为如今的陆军情报与安全司令部的前身之一。——编注

7 国家安全局（National Security Agency，简称 NSA），前身可追溯至 1899 年美菲战争爆发后，美国驻菲律宾师设立的骚乱档案处。——编注

8 国防调查局（Defense Investigative Agency），为国防部下属单位。——编注

报司的声望。因此，陆军一如既往地支持情报工作——虽然并不总是全力支持。早该40年前就应成立的军事情报分部[1]，也是范德曼、马尔伯罗·丘吉尔和丹尼斯·诺兰的早期工作结下的硕果。

在欧洲，范德曼访问了位于法国朗格勒（Langres）的情报学校与战线上的军队，为接替诺兰做好准备。战争结束后，潘兴自然将范德曼作为美国资深情报官员与负责巴黎和会协约国反情报工作的人选。在担任这一职务的十个月里，范德曼建立起了对布尔什维主义根深蒂固的不信任。作为当时的美国军人，范德曼的反应很正常。比如，人们在1919年年初发现了鼓动美军哗变的传单，最后查出是一个美国共产主义者所为，他生活在未被协约国占领的德国地区。这份传单和在美国远征军内流传的其他传单，意在制造军官与士兵、正规军与当地临时任命的官员之间的不和。[2]

范德曼提出了一个很有意思的想法——不过没有成功——建立一个有国际支持的国际联盟情报机构。1919年，他向马尔伯罗·丘吉尔写信称：

> 在和他谈话的人之中，没人觉得国际联盟有设置情报部门的必要性……我不知道在没有情报部门的情况下，他们究竟想要怎么运作。我唯一确定的是，他们最后还是会设置一个情报部门。不过，现在他们充其量只是对国联的组织结构有个模糊的想法。[3]

1919年8月，回到华盛顿后，范德曼在军事情报司短暂地担任了马尔伯罗·丘吉尔的副手，随后于1920年3月回到菲律宾，参与第三十一步兵师和马尼拉防务的相关工作。除了其中三个月被派往驻印英军“进行观察和学习”，范德曼一直在菲律宾待到1923年4月。回到美国后，他又在国民警卫队工作了一段时间，最初是华盛顿的军事局，然后在加利福尼亚州的伯克利担任教员。1927年10月，范德曼晋升准将，并指挥第六旅。他服役的最后两年是在西海岸的加利福尼亚州圣迭戈罗斯克兰斯堡（Fort

1　参见本书“导言”第x页注释4。这里的“40年前”是指1877年。1865至1877年被称为美国重建时期。美国史学界一般将1877年视为美国现代化的起步之年。本文作者马克·B. 波维上校的意思是说美国陆军军事情报部门早该在1877年成立。

2　拉尔夫·范德曼：《回忆录》，第三部分，第8页。——原注

3　拉尔夫·范德曼：《回忆录》，第三部分，第19—20页。——原注

Rosecrans），以及在华盛顿州刘易斯要塞指挥第三步兵师。1929年5月，范德曼晋升少将。在服役38年后的1929年9月，范德曼在圣迭戈退役。[1]

根深蒂固的兴趣加上热诚的爱国主义，让范德曼在余生继续从事情报工作。尽管他结了婚，积极参与圣迭戈港务管理委员会、红十字会和商号这样的文职机构，但在20世纪30、40年代有关他的少量公开记载中，还是为我们呈现了一个致力于美国国家安全的人物形象。他继续着自己对绘制地图的长期热爱。在战争部的紧急要求下，他还绘制了自南北战争以来第一幅关于南加利福尼亚州的军事地图。

不过，范德曼退休后最主要的情报工作是整理有关“颠覆分子”的档案。在战争部、海军部和联邦调查局的支持下，他建立了一个包含卷帙浩繁的共产主义者相关资料、照片资料、剪报和信息报告的资料室。他向许多联邦机构和各地警察部门提供信息。他的动机很简单：他相信，美国的国防需要依赖准确的情报，而他能够帮助提供情报。[2]

二战期间，范德曼将军担任战争部情报事务顾问。我们尚不清楚他的具体职责，但1946年他因在1941至1946年“搜集和分析机密情报信息”而获得军功勋章（Legion of Merit）。[3]

1952年1月22日，范德曼在圣迭戈的家中去世。和人生大多数时间一样，他去世的消息没有引起什么动静。除了今天一阵短暂的情报热之外，很少有人会提到他。但是，没有哪个人在建立美国情报组织及其原则方面的贡献比得上范德曼。可以说，范德曼领导了20世纪的美国情报工作。

1 “兵役记录”。——原注

2 《纽约时报》，1971年7月9日，第五版。——原注

3 《圣迭戈论坛报》，1946年7月20日，第十版。——原注

上　部

最后的备忘录

备忘录（一）

加利福尼亚州圣迭戈

1949 年 4 月 8 日

这篇备忘录既不是官方文件，也不是我的个人历史记录，因为它不是用来发表的。它包括几个与美国陆军军事情报工作的历史和发展有关的一些事件。在近 55 年的情报工作后，我现在将其回忆出来。本文很可能包含一些小偏差，因为除了少数日期，大部分内容都靠我的记忆，也没有笔记可以参考。写下这篇备忘录，是因为没有什么在世者与美国军事情报的早期历史有交集。由于陆军中现在很少有在世者了解美国军事情报的早期历史，我相信，那些对此感兴趣的人会愿意通过一个与相关事件关系密切的人的视角，了解军事情报的发展。

R. H. 范德曼

美国陆军退役少将

任何对美国军事情报工作感兴趣的人都知道，1885 年前，没有哪一个政府组织或小组负责搜集和整理有关外国信息的工作，也不存在一个阻止外国政府搜集有关美国机密军事信息的组织。

1885 年，战争部长命令陆军副官长提供某国军队的信息。副官长的答复是，他没有这种信息。部长随后建议副官长设立一个机构，搜集和整理美国政府可能感兴趣的外国政府的信息。因此，副官长派遣一位官员负责此事，并向其提供了一名秘书负责搜集和整理美国政府以各种理由感兴趣的外国军事组织的信息。这就是后来副官长办公室军事信息司的开端。

1889 年，国会通过了一项法律，允许陆军派遣军官出国，搜集并向战争部汇报当地信息。当然，这就是陆军武官系统的开端，这一系统在军事情报工作中具有重要价值。最后，认真选拔军官并在出国前给予初步指示的职责，落到了副官长办公室军事信息司头上。而来自战争部的其他指示、他们的通信与报告也都属于军事信息司管理。

我第一次和副官长办公室军事信息司打交道是在 1897 年 6 月。当时，这个部门在老的国务院、战争部和海军部大楼（State, War and Navy Building）的主楼占据了三个房间，几乎就在正门对面。第一个房间属于司长，当时的司长是阿瑟 · L. 瓦格纳；第二个房间属于其他军官；第三个房间则储存着军事信息司的档案，包括搜集的地图，房间里还有文职秘书、速记员和制图员。当时，军事信息司的军官（包括司长在内）共有七八个。

那时，军事信息司主要在搜集和整理有关古巴、西班牙在加勒比海其他领地的信息工作。这当然是因为没过多久美国就要对西班牙宣战，从西班牙手里解放古巴和其他西班牙领地。军事信息司也在进行搜集其他国家的地图和信息的工作，并因此每年向这些国家派出少量军官以完成工作。陆军武官系统是在几年前建立起来的，副官长办公室军事信息司接收这些随员获得的信息并进行整理。

“缅因”号战舰在 1898 年 2 月 15 日爆炸。[1] 显而易见，离美国对西班牙宣战的日子不远了，也离军事信息司全力投入搜集古巴和其他西班牙领

1 1898 年，古巴发生暴动。为维护美国利益，美军派遣“缅因”号（Maine）战舰前往古巴，2 月 15 日晚在哈瓦那港突然爆炸，260 多人死亡。美国海军和媒体均声称此事为西班牙所为，并激起美国人对西班牙的举国仇恨，促使美国对西班牙宣战。

地信息的日子不远了。其中，最重要的调查内容是将要在古巴作战的北方军队的健康情况。军事信息司依据当时能够获得的所有信息提交了一份精心编写的报告。

读者需要记住的是，黄热病的病因在当时并未查明，而北方军队尤其容易感染这种疾病。时任战争部长拉塞尔·A. 阿尔杰（Russell A. Alger）要求尽快组建一支军队开进古巴首都哈瓦那。美国总统在白宫召集了一次会议，与会的有总统麦金莱、战争部长和许多陆海军高级官员。军事信息司司长瓦格纳上校向会议提交了一份报告，关于北方军队在夏天的古巴的健康情况。在瓦格纳上校宣读完报告后，总统决定，停止在夏天派遣美军前往古巴的计划。而当瓦格纳上校离开房间回办公室的时候，战争部长对他说："瓦格纳上校，你让我的作战计划化为泡影。我保证，未来你在陆军不会得到任何晋升。"

部长说到做到。尽管瓦格纳上校后来晋升准将，但消息到达时，他已经在病床上咽气了。我们很怀疑，他来不来得及知道自己最终实现了多年的夙愿。

有趣的是，在美西战争爆发时，美国陆军能够整编出来的兵力总数只有 2.5 万。当时，陆军的构成是这样的：副官长部（The Adjutant General' s Department）、督察部（Inspector General' s Department）、军法部（Judge Advocate General' s Department）、军械部（Ordnance Department）、物资部（Commissary Department）、军需部（Quartermaster' s Department）、工兵部队、炮兵部队（既包括岸防炮兵部队，也包括野战炮兵部队）、信号部队、10 个骑兵团（其中第 9 团和第 10 团由黑人士兵构成）、25 个步兵团（其中第 24 团和第 25 团由黑人士兵构成）。其中，每个步兵团包括 1 个上校、1 个中校、1 个少校、1 个副官（上尉军衔）、1 个军需官（上尉军衔）、1 个物资官[1]（上尉军衔）和 10 个连。每个连包括 1 个上尉、1 个中尉、1 个少尉和 50 名士兵。每个团都有权拥有 1 个乐队，但乐手只能来自所属各连。骑兵团和炮兵团的组成类似。

读者还需要记住的是，当时罗文（Rowan）中尉被派往古巴联系当地

1　物资官（Commissary），和物资部一样，是美军特有的一种设置，相当于军用超市，当时向陆军士兵贩卖日用商品。与大家熟知的军需部和军需官不是一个领域。

反抗军指挥官加西亚将军。阿尔贝特·哈伯德（Elbert Hubbard）写下的著名文章使得这一事迹广为人知。[1]罗文中尉在当时是军事信息司的成员之一。正是在瓦格纳上校的推荐下，罗文中尉被派往联系古巴反抗军指挥官。另一位在军事信息司的军官，也是一位中尉，叫哈里·惠特尼（Harry Whitney），被派往波多黎各调查情况。惠特尼中尉在波多黎各海岸边的渔船上时，差点被西班牙人抓住。

提供古巴反抗军信息以及部分关键地区地形图的人是一个曾与古巴反抗军共事过的美国炮兵军官。他被西班牙人抓住了，但最后在美国政府的努力下被释放并获许回国。他从宾夕法尼亚州的费城被派往华盛顿的军事信息司提供信息。军事信息司的一位官员极其仔细地询问了他有关古巴情况的信息。这名炮兵军官叫弗雷德里克·芬斯顿（Frederick Funston），后来被任命为一个志愿团的上校，然后成为志愿军的一名准将。当然，正是芬斯顿将军在吕宋岛东北部抓住了埃米利奥·阿奎纳多（Emilio Aguinaldo），才终结了菲律宾人的反抗。

作为政府中规模庞大的战争部的下属部门，和军事信息没关系的事务也会被分配给军事信息司。其中就包括征召 7.5 万名志愿兵，并将他们编成团分配到各州。令人难以置信的是，这 7.5 万名志愿兵还不包括医疗部、物资部、军需部、军械部、工兵部队和炮兵部队，只包括步兵和骑兵，而且骑兵只有两个中队。分配时，要把骑兵分配到当时能养马的州，比如北达科他州、南达科他州和蒙大拿州。当战争部长办公室将分配方案打回军事信息司后，人们发现所有关于骑兵分配的地方都用蓝色铅笔做了标记[2]，取而代之的是将一整个骑兵团分给了得克萨斯州。陆军副官长询问为何如此修改，办公室的答复是，这是总统的意见，他想让陆军一名医务官员——当时是总统的官方医生——执掌一个骑兵团。众所周知，这名医生就是伦纳德·伍德（Leonard Wood），后来晋升为少将并为每个美国人所熟知。这个团的中校正是时任海军部助理部长西奥多·罗斯福。他们团被叫作“莽骑兵”（Rough Riders）。[3]

1 即中国读者熟知的“成功学”经典作品《把信送给加西亚》。

2 美国人习惯用蓝色铅笔进行删改，很多时候代表否定或删除。

3 伍德和罗斯福指挥的莽骑兵志愿兵由牛仔、矿工等组成，在美西战争中广受关注。罗斯福率领“莽骑兵”进行的圣胡安山行动，被很多人视为“美国世纪”开端在为战事做准备时，军事信息司的制图部门准备了一幅比例尺很大的古巴地图，还把它印在布上供战场上使用。令人怀疑的是，这幅地图是否有很大用处，因为它不是一张地形图。

不久以后，军事信息司的许多官员就被分配到其他任务或者返回各自的团里，后者随后按照命令前往佛罗里达州的训练营。最后，华盛顿的军事信息司里只剩下了一位官员——威利斯·谢勒（Willis Scherer）中校。在整个美西战争期间，他设法完成了非常多的军事信息工作。谢勒取得的一项成果就是发表了一部关于菲律宾的小册子并将它交给了军队。

1901 年 2 月，我正在罗伯特·休斯（Robert Hughes）准将所指挥的菲律宾米沙鄢师担任副师长。我在当月晋升为上尉，于是不再担任休斯手下的副师长，随后被驻菲律宾美军最高指挥官阿瑟·麦克阿瑟少将调到马尼拉的骚乱档案处（Bureau of Insurgent Records）工作。我一到马尼拉就得知，由于骚乱档案处处长约翰·R. L. M. 泰勒（John R. L. M. Taylor）上尉被调走了，因而需要我主持该处工作，将其重组为菲律宾军事信息司。当时，骚乱档案处在一个四面围墙的城市的一家老式西班牙军械大楼里办公。这座大楼后来成为第一家陆军和海军俱乐部（Army and Navy Club），再后来是马尼拉公共图书馆。泰勒上尉回美国之后不久，骚乱档案处搬到了总参谋部底楼。所有在菲律宾当过兵的人都知道，总参谋部位于马尼拉城巴石河（Pasig River）左岸，离动物园不远。大楼二层是麦克阿瑟少将和他的参谋与军官们。

军事信息司按照指令建立起来了，组织与华盛顿的陆军副官长办公室军事信息司大体类似。骚乱档案处成为军事信息司的一个部门，因为骚乱档案处包含着有关参与反美武装叛乱活动及其人员记录的关键信息。军事信息司也包括一个制图部门，拥有两名十分精干的菲律宾制图员。军事信息司从陆军士兵中调来几个秘书。此外，军事信息司还有几个间谍，除了其中一个是美国人，其他都是菲律宾人。这个美国人后来还成了菲律宾委员会（Philippine Commission）[1] 成员，在 1903 年霍乱流行时死亡。

（接上页）的标志性行动。

1　美国殖民菲律宾期间曾出现过两个“菲律宾委员会”，这里指的是第二个，即 1900 年由麦金莱总统下令建立的机构，负责菲律宾的立法和部分行政工作。

除了马尼拉，菲律宾各个据点的指挥官也任命了一些信息官员，当时共有约 450 人。这些当地信息官员被要求递交一份有关据点周围至少半径 10 英里以内的草图，以及关于地形和附近当地重要人士的报告。这些地图在马尼拉办公室都做了临摹备份，供有需求的军政当局查阅。而与备份放在一起的关于地形和菲律宾人士的报告，则供麦克阿瑟少将与参谋查阅。

当然，在菲律宾军事信息司建立之初，它和华盛顿的陆军副官长办公室军事信息司没有什么关联。直到数年后，菲律宾军事信息司才成为华盛顿的一个分部。

1902 年，依然有一些菲律宾叛乱者在菲律宾各地区活跃，尤其是在吕宋岛南部。军事信息司的间谍发现了一个攻击马尼拉、图谋刺杀马尼拉所有重要军事官员的阴谋。进攻武装人员藏匿在沼泽地中，但有人一直向他们通告马尼拉的状况。麦克阿瑟少将和当时的代理参谋长得知了情况，加强戒备并阻止阴谋得逞。我们采取行动并驱散了进攻武装人员，扼杀了城里的刺杀行动。

读者需要记住的是，当西班牙政府于 1895 年将埃米利奥·阿奎纳多（Emilio Aguinaldo）及其他叛乱头目驱逐出菲律宾群岛时，他们之中除了一人之外，都留在中国香港组建了“菲律宾革命军政府”（Philippine Revolutionary Junta）。而没和他们留在香港的人则去了日本东京。我不记得此人的真名，但他的化名叫罗宾逊（Robinson）。此人后来和日本政府内的一些高官十分交好，尤其是日本陆军中负责军事信息部门的官员。交好不算特别难，因为这时的日本已经对自己成为宗主国并支配整个亚洲的前景十分感兴趣。当然，罗宾逊也一直和在中国香港的革命组织及他在菲律宾的一些老朋友保持联系。在菲律宾革命活动结束一段时间后，罗宾逊想回美国。我在后面会提到与他回国计划有关的一个事件。

如前所述，1902 年，菲律宾各地区依然有零星的战斗，尤其是在吕宋岛南部。一天早晨，主管菲律宾军事信息司的军官[1]来到指挥官副官办公室。这个办公室一直以来都是不关门的，以方便来访者进入。坐在接待室的我注意到身边有一个穿着全套军礼服的日本军官，还配着一把剑，戴着白手套。我以为此人也许来自不久前抵达这里的某艘日本军舰，就向一位副官

1 即范德曼。

打听身份。我被告知，此人是田中[1]上尉，一个被派往马尼拉的日本驻外武官。

可是使馆随员只会派到大使馆或公使馆，而马尼拉当时只有领事馆。副官确信这个所谓的驻外武官是为了履行之前承诺而拜访麦克阿瑟少将。在这个驻外武官和麦克阿瑟少将会见后，我们得知他想要的是允许他前往菲律宾群岛的某些地方。当问他具体是哪些地方时，他给出的地名恰恰是美军和菲律宾叛乱者正在进行战斗的地方。我们告知这个日本军官，明天给他答复。在军事信息司的建议下，我们声称，由于麦克阿瑟少将并不希望阻止对方尽可能早地离开菲律宾，所以拒绝了对方的请求。田中上尉在两三天后离开了菲律宾。我们后来查明，田中上尉是来自日本陆军参谋本部的一个军官，有确凿证据显示，他被派往菲律宾是为了搜集有关菲律宾群岛及其居民的信息，还有可能是为了联络叛乱分子。我们还查明，在几个月前的吕宋岛南部，一个和菲律宾反叛者共事的日本陆军参谋本部军官被杀。在田中上尉离开几天后，菲律宾军事信息司的间谍发现，又有一个日本军官假扮成造船厂代理商。在和此人交谈后，我们查明他手里确实有一份小型纵帆船（sailing schooner）的蓝本，身上的装备也足以假扮成一个造船厂的代理商。我们暗示这个先生，他在马尼拉不受欢迎。他很快就悄无声息地离开了。

前面说过，叫作罗宾逊的那个人住在东京，并希望回到菲律宾。他显然知道，为了重返菲律宾，任何曾与叛乱活动有关的人都要证明自己现在不再反美。因此，他向马尼拉的陆军总部提交了一大批与他在东京活动有关的信件和文件，以及永久返回菲律宾的申请。他的申请获得了批准。而他回来后才发现，他本来没有必要提交任何信件以证明自己对美国的忠诚。意识到这一点后，他申请拿回这些信件。他的申请交给了时任菲律宾宪兵司令、后来的陆军总参谋长富兰克林·贝尔（Franklin Bell）将军手里。贝尔将军觉得是该把这些信件还给罗宾逊，于是就跟麦克阿瑟少将这么说了。当这一请求交给军事信息司时，军事信息司向麦克阿瑟少将指出，信件中有许多重要信息证明，日本政府也许有不利于菲律宾群岛的计划，所以这些信件要留着。作为补偿，军事信息司建议将不重要的文件原件和重要的文件副本还给罗宾逊，并把重要的文件原件留在菲律宾群岛军事信息

1　田中（Tanaka），音译。

司的档案中。在还给罗宾逊的原件首页用红色墨水写着“副本在菲律宾群岛军事信息司档案中”，而还给罗宾逊的副本首页也用红色墨水写着“原件在菲律宾群岛军事信息司档案中”。贝尔将军对这一决定很是不满，自此以后从没给过军事信息司好脸色。

我出于两点原因，提到这一事件：其一，显示日本政府即便在当时都对菲律宾的未来有着如此大的兴趣；其二，这一事件解释了贝尔将军对军事信息司的态度，这一态度后来对军事信息司产生了深远影响。

1902年，在大量的书信往来后，菲律宾军事信息司成为华盛顿的陆军副官长办公室军事信息司的一个分部。而在1903年总参谋部建立以后，菲律宾军事信息司自动成为总参谋部第二司（军事信息司）的一个分部。当第二司在1908年和第三司（战争学院）合并后，菲律宾军事信息司继续作为一个军事信息单位运作，而它的报告则要交给战争学院。

1904年，战争学院召开了最高级会议。当时的战争学院大楼还在建设中，不能搬进去。战争学院在杰克逊广场（Jackson Square）的一家私宅中办公。当然，这栋楼很多年前就已重建。最高级会议只有五六名军官参加，其中一位是约翰·潘兴，但他并未全程与会，因为他从上尉晋升为准将，并受命前往菲律宾指挥当时在棉兰老岛（Mindanao）和苏禄群岛（Sulu archipelago）打击摩洛人（Moros）的行动。会议期间，战争学院发现，向总参谋部第二司（军事信息司）索要之前副官长办公室军事信息司搜集、整理和制成卡片的资料更方便了。

我还记得，战争学院几乎每天早上都会出现一个手推车，其中装满了战争学院领导们所需的书籍和文件。当然，一旦使用完毕，这些资料会很快归还。我提到这件事，是因为它对1908年总参谋部撤销军事信息司产生过影响。

读者应该记得，在中国的义和团运动爆发后，包括美国在内的许多国家在北京和天津驻军，并在天津到奉天[1]的铁路沿线驻扎小股部队。这当然是为了保护外国侨民，以便在另一个类似于义和团运动的排外事件出现时，外国侨民能够逃往海岸地区。1906年，上级决定，需要准备有关从京津到沿海的铁路与公路的地图和相关报告。当时该地区没有地形图。上级认为

1 奉天（Mukden），现在的沈阳。

一旦有变，一张地形图在军事上是必要的。

因此，两位军官被从菲律宾军事信息司派往中国。他们在 1906 年 7 月离开马尼拉，12 月返回。两人考察了从北京经天津到位于海河口的塘沽的铁路，再从海河口到通州东侧。而对与海岸线平行的通州到奉天铁路，他们绘制了从塘沽到山海关段铁路的地图。[1] 这段铁路穿过长城并延伸到中国东北地区。他们还绘制了从北京经通州到山海关的古老道路。

日本政府派往中国的间谍对其他在华外国人的行踪也密切关注。在天津工作时，我用真名登记住在天津英租界的一栋公寓。当然，我没有使用任何头衔，也没有使用任何会显示自己是军方人士的信息。我以真名留下的唯一联络地址是天津的美国领事馆。在一次旅途回来后，我受到了日本在天津邮局的负责人的热切来访。当我问对方因何事大驾光临时，对方拿出了一份寄给天津的美国领事馆并转交给我的信件。当我质问对方为何亲自来送而不是交给邮件上的地址时，对方心照不宣地微笑道："嗯，我之前得知上尉您刚从三个星期的旅途中归来，我觉得上尉您很希望在回来后尽快收到信，所以我就带过来了。"当我问对方如何得知自己在这里时，对方又一次心照不宣地微笑道："您有一个日本厨师。"

在中国执行任务时，还发生了另一件有趣的、在某种程度上具有启发性的事件，显示了见多识广的中国官员当时对美国政府是什么态度。我在山海关附近工作时，住在一个前英军士兵及其妻子经营的酒店里。酒店就在天津至奉天铁路线东侧。有个中国绅士在酒店里吃饭，他经常穿着欧式服装，显然是个有教养的人。我当时在考察山海关向南的路线，于是乘坐铁路到达需要考察的地方。而清早唯一的班次是货列，我不得不坐在列车员车厢上。在第三次乘坐该货列时，我发现列车员车厢后面还挂着一节空无一人的普通客车车厢。当我正准备上列车员车厢时，列车长示意我下车，指引我乘坐那列普通客车车厢。列车长说，这节车厢是为我提供的。当天在酒店吃晚饭的时候，酒店老板来到我的桌前说，那个坐在房间另一侧的中国绅士希望和我聊一聊。我当然同意。这个中国绅士以十分标准的英语

1　这段铁路指的是"京奉铁路"，即现在的"京沈铁路"。它当时的起点是北京，经天津、塘沽，再沿海岸线到山海关，最后到达奉天（沈阳）。

介绍自己是 S. H. Yung 上尉（Captain S. H. Yung）[1]，曾是一艘中国战舰的舰长。这艘战舰在 1895 年中日战争中被日本舰队摧毁了。他说他来自广东一个著名家庭[2]，受到皇太后[3]赏识。甲午战争后，他被任命为山海关车站站长，直到今天。他说，虽然不知道我在中国做什么，但相当确定我是为了搜集信息，以备美国政府不时之需。如果他猜对了，那么他对此感到十分高兴，因为他很了解美国人，也了解美国的立国宗旨。他知道美国是中国的朋友，不会利用任何有关中国的信息损害中国。我当然不敢承认这位中国人的猜测，但是也没有否认。当我问他是否命令货列加上了一节普通客车车厢时，他承认了，并且补充道，一位美国绅士不该坐在一列中国货列的列车员车厢上。

几年后，菲律宾军事信息司又派了另一组军官前往中国，为 1906 年工作所勾画的区域绘制地图。不知怎么回事，日本人知道了这组军官的存在并告知了中国政府，说有一组美国陆军军官在华北搜集军事信息。中国政府因而要求美国政府解释这些军官的来华意图。我们只能在完成任务之前召回他们。正如后文所言，相关任务直到 1911 年，才由菲律宾军事信息司派出的另一组军官完成。

西奥多·罗斯福总统要求军事信息司——当时是总参谋部第二司——每周准备一份关于日本在全世界范围内活动和明显动机的报告。这些报告的副本要分别交给总统、战争部长和海军部长。这项制度开始于 1907 年年初。基于这些报告所包含的内容，总统在 1907 年晚春或初夏时召集了一次会议，与会的有战争部长、战争部次长、海军部长、海军部次长、陆军总参谋长、海军作战部长、海军上将、战争学院院长。总统告诉他们，他确信日本正在准备在不那么遥远的将来对美国采取敌对行动。他认为应该把海军舰队从东海岸调往太平洋，驻扎在西海岸。

总统说完后，战争部次长站了起来，说道：“总统先生，你真的相信

1　译者认为这个绅士应当是容尚谦（1863—1954）。理由如下：容尚谦的英文名是“Shang Him Yung”，广东珠海人，后担任“环泰”号巡洋舰舰长，后来还担任过京奉铁路交通经理，基本与本文的叙述相符。

2　容尚谦的叔叔容闳（1828—1912）是中国近代史上首位留学美国的人，曾参与创办了江南机器制造总局，组织了第一批官费留美幼童。

3　当时是光绪在位，这里指的是慈禧太后。

日本人胆敢进攻美国的西海岸？总统先生，太平洋岸边的妇女们都能用扫帚把日本人扫回海里。”总统带着他标志性的笑容盯着对方回答道：“噢，请坐，请坐！”总统随后问指挥舰队的海军上将，他的舰队要花多长时间绕过合恩（Horn）[1]到达太平洋。海军上将回答：“三周。”总统因此口头指示舰队做好准备，在三周内抵达太平洋沿岸。

会议结束后没多久，海军上将回到海军部，致电总统，称自己为舰队准备时间估计得太少了，因为还需要在南美洲海岸添加燃料和进行其他准备，但在他原有的估计时间内，这些事项都没有详细考虑。总统因而授权延长必要的时间以进行添加燃料等准备，从而让舰队顺利绕过合恩。

这一行动虽然理应保密，但还是在几周内被泄露出去。而东海岸的商业与政治利益在总统身上施加了如此多的压力，以至于总统最终更改了关于舰队的命令，转而要求舰队环游世界，其中就包括日本的几个港口。这就是众所周知的始于 1907 年 12 月、结束于 1909 年 2 月的“美国舰队”（United States Fleet）环游世界之旅。而我们都明白，一开始的打算只是将舰队从西海岸调到东海岸，而不是去环游世界。战争学院院长威瑟斯彭（Witherspoon）将军从会议结束一出来，就跟我讲了这件事。

1903 年组建了总参谋部，副官长办公室军事信息司被转为总参谋部第二司（军事信息司）。因而，军事信息司的办公室、秘书和资料——包括记录、一个十分庞大的档案室、一个人力充足的照相室，完全被迁移到总参谋部第二司。

当时，军事信息司位处纽约大道柠檬大楼（Lemon Building）二楼，柠檬大楼离老的国务院、战争部和海军部大楼不远。照相室则位于 17 街的一栋大楼的顶层，几乎就在老的国务院、战争部和海军部大楼正门对面。这栋大楼现在属于预防战争全国委员会（National Council for the Prevention of War）。

1907 年 6 月，战争学院及其人员、财产和记录从临时办公地点——杰克逊广场的私宅——搬到了现已完工的战争学院大楼。当战争学院在新地点开始办公时，学院发现急需副官长办公室军事信息司整理的、现在位于

1　合恩岛是南美洲智利南部岛屿。1914 年，巴拿马运河才通航，所以美军要想从东海岸到西海岸，只能从南美洲绕过去。

总参谋部军事信息司手里的一些信息。战争学院在杰克逊广场的私宅办公时，很容易获得这些信息，但此时它离柠檬大楼有5英里远。像往常一样，每天获得这些信息成了奢求。当时的战争学院只有一辆汽车，而且是一辆归战争学院院长使用的“白色蒸汽船”[1]（White Steamer）。要是有足够的汽车，以下叙述的灾难性事件就不会发生了。1908年5月前后，战争学院院长前往拜见时任总参谋长富兰克林・贝尔将军，提议军事信息司应当整体搬迁到战争学院大楼。他的理由是，副官长办公室军事信息司整理的信息和搜集的地图对于学院的工作至关重要。他希望这些资料放在学院官员和学生触手可及的地方。战争学院院长说，他觉得有必要让这两个司——第三司（战争学院）和第二司（军事信息司）——在同一幢大楼办公，并且在组织上保持各自独立。总参谋长同意了。不久，军事信息司整体搬到了战争学院大楼。

不到一个月后，战争学院院长再次前往拜见总参谋长。他说，将两个完全独立的组织放在同一幢大楼办公，没有取得预想的效果。因此，他提议撤销军事信息司，并将其人员和资料并入战争学院，重新整合为第二司。如前所述，由于他之前作为菲律宾群岛宪兵司令时对军事信息工作产生了偏见，总参谋长立刻答应了这一提议，并命令执行。1908年6月24日，总参谋部第二司（军事信息司）解散，并入战争学院。

因此，军事信息司的所有人员和资料并入战争学院。官员们被转入战争学院，而秘书们则归入战争学院并接受战争学院秘书长领导。制图部门和相关制图员则归战争学院行政秘书领导。老的副官长办公室军事信息司一切记录和信件则归入战争学院档案中。当时位于战争学院地下室的照相室归战争学院秘书长管理。驻外武官的管理则属于战争学院秘书的职责。唯一保留下来做类似于军事信息工作的部门是战争学院一个处理军事信息相关问题的委员会。该委员会主席是战争学院院长，委员会成员包括战争学院中全体高层军官。

任何熟悉大型委员会办事过程的人都能意识到这是什么意思。毫无疑问，规模如此大、组成如此复杂的委员会根本无法处理军事信息。因此，

1　美国早期车企白色汽车“White Motor”生产的一款汽车，在1909年成为美国总统的第一辆座驾。

从合并之日起，除了战争学院档案继续接受并归档驻外武官的报告，美国内外再也没有军事情报工作了。这些报告以内部办公备忘录的形式提交到战争学院不同官员手中，但一点都没有反馈给军队。这和军事信息司撤销前完全不同。1909 年或 1910 年夏，菲律宾军事信息司派遣了一组在菲律宾服役的军官前往中国，继续完成 1906 年开始的北京地区地形图绘制工作。有必要指出，这项工作是由菲律宾军事信息司而非华盛顿总参谋部军事信息司执行的，因为后者此时已不复存在。

这组在 1909 年或 1910 年被派往中国的军官工作没多久，华盛顿的国务院就收到了中国政府的一则信息，质问这些美国陆军军官的来华意图。当然，美国立刻召回了这组忙于制图工作的军官，因为美国政府无法解释这群军官在中国的活动。毫无疑问，中国政府的质问是由日本人促成的，他们一直极度关注美国人在中国和亚洲其他地区的行动。

1911 年 7 月，第三批服役于菲律宾的军官被派往中国，继续进行北京地区地形图绘制工作。他们在离开马尼拉时万分小心，唯恐被活跃于马尼拉和菲律宾群岛的日本间谍所知。这群军官乘坐蒸汽船从马尼拉到香港，然后前往上海，最后上溯长江抵达汉口。他们一抵达汉口，就发现辛亥革命爆发了，并随着长江进一步扩展。他们有必要立刻离开汉口。在一位工作于京汉铁路的英国官员的友善建议下，这群军官得知从汉口到北京有一班专列，并且很有可能是最后一班被允许离开汉口的列车。得知这一信息的军官登上了这班列车并经北京前往天津。他们在天津购买了自行车，租了两艘游艇并聘请了两名翻译。他们分成了两组前往海河，从海河出发完成这一地区的地形图绘制工作。他们一直和天津的总领事保持联系，不过总领事从未明白他们到底是谁，也不明白他们在中国做什么。他们也与英美烟草公司（British American Tobacco Company）保持联系并做出安排。这样，当接受盘问时，每个军官可以自称是这家公司的雇员。除了一些因为当地人掘开堤坝而被洪水淹没的土地，从天津到北京的铁路、从北京到通州的大路、从通州到天津的海河所涉及的地区，几乎都绘制了地图。这项工作在 1911 年 12 月完成，他们随后回到了马尼拉。

在第三次执行任务时，军官们发现，为了得到地图中各个村庄的名字，有必要让每个村庄的头人用汉字写下村庄名字。但军官们无法正确读出村庄中文名。因此，一回到马尼拉他们就认为有必要找一个来自中国华北、现住在马尼拉的知识分子，能够将中国的表意文字音译出来，从而得到名字的英文拼写。然而，中国驻马尼拉领事馆的资料显示，6 万名居住在马尼拉的中国人中，没有一个人来自中国华北。因此，一个官员有必要完成特别的使命，学习如何使用《汉英词典》将村庄的中文名音译成英语。这一工作后来在华盛顿完成了。

1915 年 5 月，我再次派遣总参谋部一名成员前往战争学院，并且和其他在战争学院的军官一样，参加军事信息委员会。读者需要记住的是，总参谋部第二司（军事信息司）在 1908 年 6 月 14 日与战争学院合并，已不复存在。为了把当前情况描绘得更清楚，读者不妨回忆一下副官长办公室军事信息司、总参谋部第二司（军事信息司）在其存在的简短过程中曾担负起的职责。其中一项关键功能——我们现在叫作军事情报——就是将外国军事和经济状况，以及其他对美国有军事价值的信息传递给武装力量。军事信息司利用自己搜集的信息编制成小册子出版，从而将信息传递出去。这些小册子往往还伴有军事信息司的制图部门制作的地图。军事信息司还利用两种部队文件与各种部队杂志向军队传递信息，这两种文件是《陆军和海军日志》（Army and Naval Journal）和《陆军和海军记录》（Army and Navy Register）。除了这些，军事信息司还将那些由于过于机密而无法公开发布的信息，直接传递给机构负责人与部队指挥官。随着战争学院合并军事信息司，以上活动完全停止了，因为没有任何机构负责这件事。在老的副官长办公室军事信息司和总参谋部第二司（军事信息司）存在期间，军事信息司会特意挑选军官前往外国，以获得常规渠道或驻外武官无法获得的地形和其他信息。除了菲律宾军事信息司，随着总参谋部军事信息司被撤销，这一类工作也停止了。

1915 年 5 月，欧洲战事已经进行了九个月。所有驻外武官都传来了通过自己观察而得到的有关战事的报告。此外，美国也向法国派了一个军事使团，并经常传回关于军事态势和活动的报告。这些报告都交给了战争学院，归档在战争学院的记录中。绝大多数报告在被归档前都在战争学院的各级官员间流传。但正如之前那样，没有一份信息交给军队。

读者应该记得，在此期间，潘兴将军正应墨西哥政府许可在墨西哥抓捕潘乔·比利亚（Pancho Villa）。潘乔·比利亚之前突袭了新墨西哥州哥伦布镇。有一个信息官员任职于潘兴将军的总部，不断向战争学院提交了大量报告。其中许多报告都是以电报形式发出的。我很怀疑，战争学院是否对这些报告进行了归档，因为我在5月加入战争学院时，发现在一张很大的桌子上高高地堆着这些电报，从来都没有被归档过。有一名官员被命令阅读这些电报。我可以确定，这就是战争学院对此唯一的处置。情报官员对潘兴将军总部报告的处置虽说极其有趣，但确实不合规矩。

1915年5月，我刚被调入战争学院就发现，我是战争学院中唯一有军事情报工作训练和工作经验的军官。我意识到，陆军没有任何情报活动，美国却即将参战，而陆军此时从战争学院那里得不到我们使馆武官和其他海外间谍获得的任何信息。因此，我写了许多备忘录，通过战争学院院长呈交给陆军总参谋长，要求关注当前情况，呼吁在总参谋部重建一个军事信息司。战争学院院长赞同这些备忘录，可是总参谋长对此完全无视。我向战争学院院长建议，他是军事信息委员会主席，至少可以尝试将战争学院得到的部分信息交给陆军。院长表示赞同，但坚持认为，战争学院里每个人都很忙，没法阅读和编辑这些资料，所以无法将这些资料发布出去。他最后提议，莱文沃思堡的陆军指挥参谋学院也许可以处理其中一些报告并传递给陆军。我们联系了陆军指挥参谋学院，对方表示愿意执行这一计划。因此，我们挑了一份报告（我并不知道具体是谁挑的）寄给陆军指挥参谋学院，后者履行了承诺。这份报告一发表，英国政府就对美国政府提出严正抗议，因为这份报告是我们驻伦敦的武官从英国陆军工兵部队那里获得的，而且这位武官当时还承诺过要绝对保密。这份报告包含着英国陆军工程计划中最机密的一些信息。自此之后，我们再没有向陆军指挥参谋学院传递过任何报告。来自国外、详述这场战争的报告被归档于战争学院的档案中，再没有传递给军方。我们唯一达成的成果就是在1916年发布了一则命令，允许向美国与军事信息有关的各部门派遣官员。

1917年4月6日，美国对德国宣战。英法两国政府很快向华盛顿派遣使团，与美国政府协调未来战争进程。每个使团都包括一位代表本国军事情报机构的官员。战争学院负责和他们交接，因为它是当时陆军中和现在所谓“军事情报”有点微弱关系的部门。可是，由于实际上美国根本没有这种组织处理军事情报相关事务，交接完全就是在“聊天”。

宣战后，经战争学院院长批准，我前往拜见总参谋长，解释当时陆军有关军事信息的情况。总参谋长认为，美国陆军没理由拥有一个军事情报机构。如果英军和法军已经有类似的机构，并且已得到有关敌军的必要信息，那么我们应当对他们说：“我们做好准备了——如果你们能够把你们情报机构得到的有关敌人的必要信息交给我们，那么我们会十分满意。”再多交谈和论证都无法改变总参谋长的意见。两三次类似谈话后，他发火了，命令我不要再想着搞一个什么军事信息工作机构。他还严厉地命令我，不得就此事再去找战争部长。4 月中旬，显而易见，不能指望总参谋长采取什么行动了。似乎组建一个陆军军事情报机构的可能性已经化为泡影。但整件事实在太重要了，我决定采取其他方法。

时任总参谋长是一个称职的军官，后来成为欧洲最高战争委员会的成员。可是，他看上去一点都不知道情报工作是多么生死攸关，没有关于对方组织的必要信息、无法有效地在本国及军队中发现并消灭间谍和破坏者，是没办法打赢一场战争的。不幸的是，当时乃至一战到二战期间，陆军许多高级军官都对此一无所知。如前所述，我是战争学院中唯一有过军事情报工作训练和工作经验的军官。因此，我感到有必要尽早建立一个开展情报工作的合适组织。既然不能指望总参谋长，显然只能采用其他手段了。

正在此时，一位著名的、广受尊敬的美国女小说家来到华盛顿。她之前应战争部长的要求，花了好几个星期访问陆军多个训练营，此时要向战争部长汇报自己的感想。碰巧的是，我被指派陪伴这位女士前往华盛顿附近一些训练营。在交谈时，这位女士提到，她最近在和在英国军事情报部门工作的一位年轻美国人联系，得知欧洲盟军当局十分重视情报机构获得的成果。她对此表示认同。我告诉这位女士，美国陆军此时没有开展军事情报工作，1908 年后连一个军事情报机构都没有。我还向这位女士讲述我采用了什么方法劝说总参谋长关注此事并开展情报工作，但最终失败了，而且我还被禁止不能就此事去找战争部长。这位女士听完后很激动，说她必须把这件事告诉战争部长。后续的事实证明，这位女士确实这么做了。

在这位女士到来一周前，我发现，战争部长每天早上都与哥伦比亚特区警察局局长在某个俱乐部内吃早饭。我很熟悉这位警察局局长，希望通过他将有关军事信息工作的问题告诉战争部长。我向警察局局长解释了情况及遇到的问题，问他能否和战争部长谈谈这件事。他答应了。

4月30日，战争部长办公室致电战争学院院长，要求我向战争部长汇报工作。战争部长让我简要描述一下现在英法两国军队在欧洲是如何开展军事情报工作的，而美国陆军情报组织又是什么样的。在谈了半个小时后，战争部长告诉我，他在两天内就会向战争学院院长下令立刻组建一个情报机构。于是，战争学院于1917年5月组建了军事情报分部[1]，以处理陆军的军事信息。由于我是当时唯一掌握军事情报组织和活动相关知识的人，我受命领导这一分部并尽快开展工作。

由于美军在战斗中和英国军队接触最多，因此我们决定仿照英国军事情报组织组建美国军事情报组织。因此，此时我们组织的名字改称“军事情报”而非之前的“军事信息”。派往美国的英国军事使团的情报官员向我们提供了最有价值的帮助。而我们也经常咨询法国军事使团的情报官员，从他们那里获得了许多有价值的建议。不过，我们不能仿照法国陆军的组织建立我们的组织，因为法国的反情报工作是由一个非军事组织“保安局”（Surete）负责，里面都是文职人员。法国战争部无法领导这个组织。

有幸的是，为美国派往欧洲的军队准备编制表的那个军官，正好被调到了战争学院工作。他是当时极少数理解军事情报工作重要性的军官，所以他在美国派往欧洲军队的编制表中，为每个军团、师、旅、团和营都加上了战术情报组织。

我无意详述军事情报司的组织细节，但简述一下这个组织的工作方式、采取相关措施的理由是有趣的，也许是有启发性的。为了尽快建立这个组织，负责这个组织的人[2]被赋予了一定权力。我有权征调一些军官为本组织提供全职服务。我选择的第一位军官之前曾在菲律宾军事信息司工作过，还至少参加过一次前往中国的秘密行动。他被任命为军事情报司的秘书，直到1918年初秋被派往海外加入潘兴将军总部的情报部门。军事情报司的组建和取得的成果，很大一部分要归功于他——亚历山大·考克斯上校。

无论什么时候，为军事情报司执行任务的正规军军官不超过六名。其

---

1 参看本书“导言”第x页注释4。

2 即范德曼。

他绝大多数人员都是服役于国民军[1]的文职人员，被派往军事情报司执行任务。为了确保军事情报司有人可用，部门负责人有权要求被选中的文职人员加入国民军，并立刻在军事情报司工作。我也有权从行政部门中获得必要的秘书、速记员和其他人员。为了获得最好的人员，一群在国内各圈子里人脉广泛的人员首先被选中，加入国民军并被调往军事情报司。只有当相关领域有需求时，军事情报司才会在推荐下让被选中的人加入国民军。本组织在存在的整个时间段内都在进行这样的工作。为了组建密码与解码部门、翻译部门这样的特别部门及工厂保护组织，军事情报司授权挑选文职人员，让他们临时加入行政部门。

制图部门和照相室之前是总参谋部第二司（军事信息司）的一部分，现在属于军事情报司的一部分。此外，管理驻外武官及其报告也属于军事情报司的职责。可是，老的副官长办公室军事信息司的档案与资料室还留在战争学院。

军事情报司在开展军事情报工作前，承担了许多其他职责，而且和军事情报工作其实没什么关系。但这些事情需要立刻投入精力处理，而且战争部内没有哪个部门能够处理它们。第一个事务就是，战争部的不同办公地——不仅包括国务院、战争部和海军部大楼，还有陆军各部门在华盛顿许多大楼的无数办公地——的守卫工作。在国务院、战争部和海军部大楼，穿着制服的保安坐在桌子前，接待并帮助来访者找到他们想要前往的办公室，但没有手段确认来访者是否是敌方间谍。而华盛顿的许多大楼甚至从早到晚都没有保安，有的地方也许还有一个传达室。

看上去，我们需要将这一情况反馈给陆军当局并做出改正，但事实上没有那么容易。这需要陆军最高当局施加很大压力才能达成这一目标。最后，在许多延误以及下文将要叙述的两次事件后，一个安检系统终于在陆军部于华盛顿各个办公地建立起来了。这个系统处理的就是现在所谓的机密信息。

第一次事件是这样的——

1　1917 年，为应对第一次世界大战，美国将陆军和一部分国民警卫队统编为国民军（National Army），并将其中派往欧洲战场的军队叫作美国远征军。1920 年，国民军解散，恢复了原有的美国陆军建制。

军械部在某栋大楼中设立了一个办公处，负责人是一位文职人员。办公处有文件记录了大量高能炸药在美国西部的储存地点，以及在各个地点的具体数量。有一天，一位身穿美军军械部上尉军衔制服的年轻军官来到办公处，声称他叫某某某，是某上校派来的。后者的名字是这个办公处所属上级部门的主管。这位年轻的军械官要求得到美国西部储存高能炸药的地点和相应数量的清单。负责这个办公处的文职人员想给那个上校打电话，确认这个年轻的军械官的要求，并且得到交出清单的许可。这时，军械官突然怒不可遏，质问对方是不是不认识自己身上的制服。他变得越来越放肆，而这位文职人员则握着枪，拒绝交出所需信息，除非让他打电话给上校获得许可。军械官最终离开了。文职人员则致电上校，说出了那个军械官给的姓名，上校告诉他，军械部没有叫这个名字或者符合他描述的这个人，而且上校没有授权任何人从文职人员那里获取有关美国西部储存高能炸药的信息。于是，这件事上报给了军事情报司。在陆军和华盛顿警察的帮助下，我们封锁了华盛顿，想抓捕符合军械部办公处文职人员叙述的人，并对他进行调查。然而，我们最后并未找到他，这个假冒的军械官就此消失了。这个年轻人多半是一个敌方间谍。

第二次事件又是这样的——

一天晚上约 6 点，军事情报司之前精心挑选的两位军官受命向组织负责人汇报。组织给了他们俩一份清单，包含着军方在华盛顿占据的一些办公处。组织要求他们在晚上 8 点到第二天凌晨 4 点之间前往这些办公处，尝试获得对敌方间谍掌握的任何有用机密文件或其他机密信息。他们穿上了便衣，并尽可能像一个敌方间谍那样行事。他们在获得的机密文件上，小心地记录他们获得这些文件的地点和时间。组织要求这两位军官在第二天早上向军事情报司负责人汇报他们的战果以及他们得到这些文件的时间。当然，组织要求这两位军官绝对保密。次日早晨，这两位军官带着他们获得的机密文件和信件回来了。这些文件来自各个办公处里没上锁的桌子抽屉，有些文件则来自保险箱里。他们从这些办公处未上锁的抽屉里的卡片中发现了这些保险箱的密码。一等到第二天日常上班时间来到，军事情报司负责人就开始给前一天被他们“光顾”的办公处负责人打电话，问他们是否拥有某某某文件。当对方做出肯定回答后，我进一步让对方确认一下。他们在一阵找寻后发现文件不见了。我随后告诉他们，文件在我这里，后面会还给他们。我进一步告诉他们，这些文件是在什么样情况下，如何被组织获得的。

当陆军各部门负责人了解到这两次事件后，陆军当局确信有必要为办公处配备保安。

行政部门从美国各地向华盛顿调来上千名秘书和速记员，他们被分配到政府各个部门。各部门除了知道这些秘书来自行政部门，对其他一无所知。哪怕是部门负责人都不知道今天和明天的秘书是不是同一个——他们唯一知道的是这些秘书需要向某个办公处做报告。因此，这些秘书有必要获得某种身份证件，只有那些被授权进入某个办公地点的秘书才能允许进入。在多次争论和上级的不小压力下，每名秘书都拿到了一张有照片的身份证件。不过，虽然上级批准可以采取某些措施，允许需要调查秘书的关系和行为时，跟踪这些秘书，但是有关秘书们是否忠诚的问题，从来没有得到解决。

军事情报司自开始工作之日起，就与政府各个调查部门展开了合作，尤其是不久前建立起来的调查局[1]。军事情报司也与国务院的秘密情报部门合作密切——虽然国务院一直否认自己有这种部门。唯一不和组织开展合作的调查组织是美国特勤局[2]，因为它们被禁止参与任何类似的活动，这让特勤局局长很是恼火。

陆军里每个人都知道，《陆军列表和名录》（Army List and Directory）是一个月度出版物，里面包含陆军每位军官的姓名、军衔和地址，以及陆军许多组织的地址和职责等大量信息。军事情报司在开展工作很早之时起就发现，有些嫌疑人会利用《陆军列表和名录》，将相关信息传给同盟国[3]。军事情报司认为，在战争期间应当暂停出版《陆军列表和名录》。副官长极力反对，但《陆军列表和名录》最终还是暂停出版了。组织还发现，当时美国各种组织和训练营都有感恩节、圣诞节和新年晚餐菜单。许多菜

1　调查局（Bureau of Investigation，简称 BOI），成立于 1909 年，1935 年更名为联邦调查局（Federal Bureau of Investigation，简称 FBI）。

2　美国特勤局（United States Secret Service，简称 USSS），成立于 1865 年，现隶属国土安全部。

3　同盟国（Central Powers），即一战中德国、奥匈帝国等一方。

单给出了参与人员的完全名单，有时候甚至还有训练营军官和非现役官员的照片。军事情报司怀疑敌方间谍正在搜集这些菜单，并以各种方式将这些菜单通过船运运到海外。当组织建议停止印刷和分发这些菜单时，我们发现这些菜单的准备工作涉及许多大型组织和大量金钱。自然而然，建议立刻取消菜单的建议遭到了巨大的反对压力。我们最终达成了妥协，允许继续准备这些菜单，但确保只有它们对应的军队在欧洲平安无恙时，再把这些菜单送给他们。

1917 年初夏，丹麦政府查获了一批运往美国的船运物资，这些物资意在供破坏分子使用，包括假的煤块、假的公文包、假的双筒望远镜、假的钢笔和其他东西，并且这些东西内部都装满了 TNT 火药，旁边还有引信。船上有大量制成蜡笔形状的金刚砂[1]，用来放在汽车和飞机发动机及铁路车皮的车轴中进行破坏。丹麦当局去除了引信，将仍装有 TNT 火药的样品运往美国，进而交给军事情报司。几天后，我的桌子上就积攒起足够多的 TNT 火药，一旦引爆它们，足以把我所在的华盛顿城区炸个稀巴烂。

读者应当记得，当时许多从美国东海岸向法国运送的货船由于货物起火而焚毁。调查很快查明，这些起火是燃烧弹引发的。轮船装货时，在码头上工作的敌方间谍将燃烧弹装进了货物中。人们费尽心思想找出敌方间谍主谋。制作燃烧弹的人感到恐慌，逃到了古巴。他在古巴待了没多久，就因其可疑行为引起了古巴情报机构的注意，随后被捕。司法部通过调查局接过了这个案子，并将此人从古巴引渡到美国，羁押在司法部手里。他被关在华盛顿旁边的一个小型实验室中，司法部要求他制造出和船上一模一样的燃烧弹。在一次制作燃烧弹的过程中，发生了爆炸，他伤得很严重，但最终还是痊愈了。不知道出于什么理由，这个人从来没有被审判。而在 1917 年年底或 1918 年年初，他感染肺炎并死去。

1917 年初夏，调查局告诉军事情报司，纽约港海关当局扣押了一个携带有隐形墨水的嫌疑人，军事情报司是否愿意在华盛顿审问他。因此，在组织的请求下，嫌疑人被带往华盛顿，接受组织的一位官员审问。嫌疑人很年轻，他的母亲当时还在欧洲。战事一开，他的母亲就在德国被抓了。他不得不前往德国，向德国当局求情，但很长时间没有得到答复。终于，

1 碳化硅。

德国当局告诉他，如果他在回到美国后做一些事情，当局就会放他的母亲走，他最终答应了。德国当局希望他带着一些事先浸泡过隐形墨水的衣物，并且告诉他如何从衣物里提取隐形墨水。他需要用这些隐形墨水写报告，内容是德国政府想要知道的一些事情。此后，他要带着报告前往古巴，从古巴将报告传回德国。

他乘船从德国前往哥本哈根，本来打算从哥本哈根前往美国。但在从德国到哥本哈根的途中，他发现自己被一个德国间谍监视。这让他十分恐慌，因此，船一到哥本哈根，他就去了美国大使馆。他向美国大使馆承认自己携带有几件事先浸泡过隐形墨水的衣服，并承认他答应德国当局，到了美国，就会用隐形墨水写报告。他给了美国大使馆代表他携带的一条浸泡过隐形墨水的手帕。因此，他一到达纽约港就被海关当局扣押，移交给了调查局。他的行李里面还有浸泡过隐形墨水的鞋带和一两条手帕。这个年轻人同意把这些衣物交给审问他的军事情报司军官，我们利用他告诉我们的办法尝试获得隐形墨水。

当时，军事情报司没有任何一个人有关于隐形墨水的专业知识。我们将衣物浸泡在蒸馏水中，但什么东西都没得到。在此之前不久，哈佛大学化学实验室同意为政府提供服务。因此，我们决定把浸泡过那条手帕的液体样品寄给化学实验室进行分析。没过几天，我们收到实验室开具的报告，说样品里面除了纯水和一点淀粉以外什么都没有。后来，我在 1917 年夏前往英国军事情报部门的隐形墨水实验室，实验室主任曾让我在一本书上用一个十分清澈的液体签名。签名后，主任将一种试剂刷在了签名上。没过多久，签名就变成了普通商业墨水的黑色。主任后来告诉我，这是德国政府使用的最佳的隐形墨水。而这是美国陆军军事情报司寄给英国情报部门以供调查和实验用的。主任随后说道:“把这个样品送给我们的年轻军官，他现在就在实验室。”他叫来在实验室里一个穿着美国陆军制服的年轻人。原来，他就是哈佛大学化学实验室尝试分析我们送给他们样品的两个年轻人之一，他们当时报告我们样品里面只有纯水和淀粉。他的脸变得涨红，不得不承认，哈佛大学化学实验室当时使用的分析方法不够精准。他们之所以没有发现隐形墨水的成分，是因为他们采用的方法精度不够，未能发现样品中的微量隐形墨水。伦敦塔关押着一个德国间谍，他的案子十分出名。而在他被处死前的很长一段时间里，这种墨水发挥了极大的作用。

美国甫一参战，全国各地就出现了数十个致力于追踪间谍的组织。当然，这是一种极其危险的趋势，必须立刻停止他们的行为。但是，我们意识到，其中一个组织如果能发展成为全国性组织，确保他们遵守指令，只执行我们安排的任务，那么也许对政府有着巨大的价值。带着这种考虑，我们细致地调查了这些组织，并且选中一个总部在芝加哥的组织进行更加全面的调查。这个组织的负责人被叫到华盛顿接受询问。在认真调查后，我们向其负责人解释我们对他的组织的期望。他同意改组他的组织，以满足我们的需求。因此，我们批准他继续领导该组织，将它发展成一个全国性的纯志愿者组织，并且其中每个成员都要明白，他们只能做华盛顿的军事情报司要求他们做的事情。这就是后来的美国保卫同盟的前身，它一度遍及全国，拥有约 6.5 万名成员。任何重要的社区都有美国保卫同盟的一个分支。一开始，让其成员准确理解指令时遇到了一些麻烦。而一些分支在调查其社区居民的忠诚度时，也引起了或多或少的争议。不过，我们以坚决的态度处理，这些麻烦没过多久就消失了。

1918 年年初，国务院要求军事情报司提供申请赴欧护照的个人信息，从而避免有忠诚问题的人前往欧洲。为了处理这一问题，美国保卫同盟被动员起来。一个包括同盟领导人和五六名副手组成的小组被叫到华盛顿接受任务。他们被派往军事情报司完成任务。有了他们的帮助，我们很快就获得了关于护照申请的信息，并将结果传递给了国务院。

还是 1918 年年初，美国远征军总部 G-2 部门显然意识到，有关德国和同盟国其他国家地形等信息远远不够准确。为了弥补这一短板，上级要求华盛顿的军事情报司在美国国内尽可能搜集情报并传递给潘兴将军在欧洲军队的 G-2 部门。这些情报要在美军进入德国和其他同盟国国家领土时发挥军事价值。美国保卫同盟再一次被动员起来，他们从同盟所在社区的公民那里搜集全美所有的书籍、杂志和公开报告。它们被汇集到华盛顿，并由军事情报司转交给美国远征军总部 G-2 部门。我们搜集了数吨资料运往欧洲。这些书籍、杂志和其他资料都是由公民自愿捐赠的。

第一次世界大战爆发初期，几乎只有政府所属工厂才生产军火和其他战争物资。然而，民营工厂显然也要开始相关生产。于是，政府迅速将一些战争物资的生产任务分配给不同的民营工厂。虽然政府所属工厂有严密的安保，但民营工厂在生产战争物资时，政府并没有为其提供安保措施。因此，不仅有必要确保采取安保措施，而且还要采取措施找出民营工厂内忠诚度存疑的人，否则他们也许会进行破坏。我们选中了一个文职人员，并相信他有能力负责这件事。我们告诉他，他可以挑选一群助手，前往生产战争物资的各种民营工厂。他可以从已经被证实为忠诚的雇员入手，也可以从卧底操作员入手。这些卧底会仔细监视工厂的雇员，能够发现任何试图破坏工厂的行动。被选中的这个文职人员又挑选了十二个助手，组建了一个组织，就是后来的工厂保卫体系（Plant Protection System）。

工厂保卫体系负责人拒绝陆军军官的头衔，因为他认为文职人员身份要比陆军军官身份更有利于开展工作。而他手下的十二个助手也都没有被任命为陆军军官。他们的工作表现十分完美，可惜并没有得到军方的充分承认。

如前所述，国民军的组织表包含了负责搜集战斗信息的人员名单。军事情报司也通过他们向军方递交军事信息，并且发出有关搜集战斗信息的指令。然而，组织表包含的组织却不包括国民军中负责应对颠覆分子的人员名单。为了应对颠覆分子，我们要求团或类似单位中的情报官员按照50:1的比例从士兵中选人。情报官员们极其谨慎地选出了一些人，并要求他们遵照军事情报司的指令。陆军中，一切涉嫌不忠诚或与敌方有关联的人的信息都立刻上报给军事情报司。军事情报司和英法两国情报部门的密切关系，使得它们可以交流所有嫌疑人的信息。

这些信息被详尽地制成卡片，构成了后来我们所知的“嫌疑人名单”（Suspect List）。战争结束前，我们经常从英法两国军事情报部门收到印刷版的嫌疑人名单小册子，或者是包含有数十万张卡片的嫌疑人名单。我们不久之后发现，有必要在美国的主要港口建立“港口管理组织”（Port Control Organizations）。组织成员既有情报工作官员，也有来自移民部门和海关部门的官员。港口管理组织的职责就是密切监视出入美国的人，不仅包括旅客，还包括各种船只上的船员。而港口管理组织发现和搜集的有关信息报告，自然已经上报给军事情报司。

随着在全国范围进行调查的需求越来越迫切，我们发现，如果在全国各个具有战略价值的据点设立军事情报工作部门，那么显然会提高工作效率。我们因此向上级申请并得到批准，包括军官和文职秘书在内的分支设在纽约城、费城、芝加哥、圣路易斯[1]（St. Louis）、盐湖城、旧金山和洛杉矶，分支的规模取决于这一地区工作的多寡。

随着越来越要对个人和组织进行秘密调查——尤其是在华盛顿，我们需要建立一个包含有进行这种工作的专家所组成的组织。为了实现这一目的，许多军方之外的人员被挑选了出来，其中不少来自纽约的大都会警察。他们被调往华盛顿，住在华盛顿东南的一栋私宅中。这些人穿着便衣，并且我们采取一切手段避免外界知道他们的存在。他们的指挥官也来自纽约的警察部门。唯一知道他们存在的军事情报司成员只有我自己、行政主任和财政主任。这或许正是后来的反情报部队的开端。

1917 年秋，人们明显发现同盟国间谍正在美国黑人中间活动。煽动的方法是言语挑动。为了避免黑人当中出现麻烦，我们必须采取措施反制这种宣传的影响。因此，我们进行了极其仔细的调查后，挑选了两个非常有能力又非常可靠的黑人。我们指示他们前往出现骚动的各个黑人社区。他们在每个社区都待了足够长的时间，找出骚动的真正来源，通过谈话和在教堂及其他集会地的正式演讲，告诉社区里的黑人：要是听从之前在社区出现的那些人所说的话，就会面临十分严重的后果。为了尽可能地覆盖更多的黑人社区，他们没有一起行动。整个战争期间，虽然他们的主要工作是在北方进行，但他们几乎走遍了全美。对于他们达成的建设性成果，官方没有做出任何公开的承认和肯定。

1918 年 2 月 7 日，上级命令军事情报司隶属部门从战争学院转到总参谋部。1918 年 3 月，军事情报司全体人员和资料整体搬迁到华盛顿 15 街和 M 街交界口的门罗大楼（Monroe Courts）。这是一栋七层大楼，基本上属于军事情报司，除了个别房间属于军需部队的一个部门。

1918 年晚春，军需部长要求我们推荐一个适当人选，负责建立一个组织，调查与军需部队有关的不忠诚嫌疑行为。我们进行了考察，推荐了一位称职人选。他被调到华盛顿并与军需部长会面。等到我前往海外后，事实证明这个人无法完成他的工作，而军需部长要求军事情报司自行成立一

1　位于密苏里州，密西西比河中游，接近美国地理中心，具有战略价值。

个组织进行调查。这就解释了为什么军事情报司内部有一个调查军需部的部门。这本来不归军事情报司管，但出于迫切需要还是建立了。

等到美国远征军在战线上就位后，我们准备了两幅包括所有战线的大比例尺地图，其中一幅放在白宫，而另一幅放在国会大厦。我们还派了一位军官负责依照军事情报司得到的报告随时修正地图，帮助总统和国会议员了解协约国与同盟国战线的位置和移动状况。

在此期间，每周三晚上都会开一次会议，与会人员包括在军事情报司工作的所有军官。开会是为了讨论所有需要广泛讨论的特别问题，并且听取来自欧洲战场的外国军官的汇报，他们可以告诉我们协约国军队在欧洲完成的情报工作。在这些会议上，我们强调，任何与情报工作有关的军官在公开报道和公开发言中，永远不能泄露情报活动，因为这些内容不属于私人，而属于政府。毫无疑问，虽然很多压力要求官员谈论他们在情报工作中的经历，但在我的记忆里只出现过一例违规事件。

正如这篇备忘录前面所述，我们不断努力重建总参谋部第二司或者叫军事情报司。但是，我们在 1918 年 8 月 26 日才达成目的，军事情报司成为总参谋部第二司（军事情报司），在十年后终于恢复了之前的地位。

在整个战争期间，由爱尔兰人组成的组织在美国进行活动，他们希望损害英国的利益。其中许多活动不仅损害了英国利益，而且损害了美国和其他协约国的利益。其中，典型一例就是他们试图摧毁美国西部的一座铜矿，而协约国很大程度上依赖这座铜矿中生产的这种最重要的战争物资。邮局审查部门截获并转交给军事情报司一封用隐形墨水书写的信，从而发现了这个摧毁铜矿的阴谋。阴谋主导者是在美国的一个爱尔兰人组织头目，他在布法罗登上火车时被捕。另外，爱尔兰人的组织还做出了许多干扰协约国在美国行动的尝试，这些组织头目希望给英国制造麻烦。罗杰·凯赛门[1]爵士在德国潜水艇的帮助下，试图领导爱尔兰人反抗，就是广为人知的一例。

在战争的后半阶段，密码与解码部门除了进行破译密码工作，还为华

1 罗杰·凯赛门（Roger Casement，1864—1916），爱尔兰民族主义者，曾在英国外交部任职。1916 年复活节起义前，他曾联络过德国人。1916 年，他因叛国罪被英国政府处死。

盛顿和潘兴将军总部之间的通信提供密码。这些密码经常变化，而且变化周期不固定。这一相当不寻常的程序是有必要的，因为人们发现国务院和战争部的密码被同盟国破译了。其间，发生了一件很重要的事情。而据我所知，这件事尚未被公开过。当美国在东海岸附近海域发现德国潜水艇时，美国立刻意识到一个问题：为什么他们没有切断我们的跨大西洋电缆呢？我们推测，他们也许以某种方式利用这些电缆获得他们用其他方法不能获得的情报。不过，我们当时不知道他们是以什么方式获取情报。我们和陆军信号部队的一个军官讨论了这件事，他之前是铺设其中一条电缆的总工程师之一。他认为，德国潜水艇有可能通过电磁感应从电缆中获取情报。为了证实这一理论，这位军官临时搭建了一个电磁感应设施，看看能否接入海底的一条电缆，从而通过电磁感应截获信息。事实上，他在岸上离海水不远的一处地方接入了一条跨大西洋电缆，并能截获电缆传递的信息。无论这是不是同盟国不切断我们跨大西洋电缆的真实原因，但至少解开了一个谜团。

1917 年秋，我们发现美国与墨西哥边界南侧有一个无线电台试图与欧洲联络。当时，世界上只有一个无线电台能够将信息跨越大西洋传输过去，而这个电台在德国瑙恩（Nauen）。然而，我们的无线电台监听者从墨西哥某处开始检测到信号强烈的高频无线电波。调查显示，德国人正在查普尔特佩克[1]设置一个十分强劲的无线电台。但我们很快发现，这个无线电台的无线电波尚无法传到德国。不久，又有报告传来，德国人试图在南美洲北岸建立一个信号更强的无线电台。除了来自查普尔特佩克的无线电波，墨西哥各地都在以密码形式发送无线电波信号，只不过信号不是特别强。在战争的后半阶段，为了监控墨西哥电台的情况，陆军将三节火车车厢作为无线电监听站，分布在美国南方边境。本来对美国友好的墨西哥政府，竟然允许德国间谍在本国国内如此活动，让人感觉有点奇怪。不过，如果读者还记得 1916 年著名的齐默尔曼事件[2]，墨西哥政府的这一行动就没那

1　查普尔特佩克（Chapultepec），位于墨西哥首都墨西哥城西南 5 公里处。

2　1917 年 2 月，德国外交部长齐默尔曼密电德国驻墨西哥大使，向墨西哥提议两国结盟，并许诺在打败美国后，墨西哥可以获得美国南部边境领土。该电报后来被英国情报机构下属密码部门“40 号房间”破获，直接促成了美国参战。此处作者说是 1916 年，应是笔误或年代久远导致回忆出错。关于“40 号房间”，参看［英］泰莎·邓

么奇怪了。德国外交部长齐默尔曼建议墨西哥总统参加同盟国一方，对美国宣战。墨西哥总统卡兰萨（Carranza）一直未向美国通报这一电报的存在，直到英国情报部门截获了这份电报。我们在诺加利斯[1]的移民部门逮捕了试图偷渡入境的两男一女，而他们穿的衣服里面缝着齐默尔曼的加密信息。我们后来发现，卡兰萨总统知道把加密信息偷运入美国一事，但并未阻止。从齐默尔曼事件出发，我们就能理解为什么美国在这一段时间内带着极大的猜疑在监视墨西哥的任何行为。

也许密码与解码部门最令人惊叹的成就——不过绝不是最重要的——是破译了一份信息，来自一个带着俄国护照并尝试从墨西哥进入美国的德国间谍。他叫小路德·维特克（Luther Witke, Jr.），化名巴勃罗·瓦博斯基（Pablo Waberski）。他随身携带的这份加密信息要求所有德国在墨西哥的间谍，向他提供共计 1000 比索金币的资金，并提供任何所需援助，以及按照他的要求发送信件和电报。信息上有德国总领事的签字。维特克被羁押在边境，而加密信息则被寄到军事情报司，并进一步交给了密码与解码部门。结果，部门花了一个晚上就完成了审讯。维特克被定罪并判处死刑，但威尔逊总统将他减刑为终身监禁。他在战争结束后被释放。

1918 年，美国远征军总部 G-2 部门诺兰上校致信我，让我挑选一群会说法语、十分可靠、有点海外调查经验的人。我召集了美国三个最大也是最重要的侦探事务所头目，让他们提供满足需求的人选。不过，这次会面并没有带来令人满意的结果。平克顿先生[2]说，当他得知要求时心想，“根本没有这种‘妖孽’存在”。不过，他还是派遣手下到他认为有很多会讲法语的人的城市去，最终凑足了足够的人选。一段时间后，我们得知他们当中的绝大多数人都不合格。主要原因是，他们要么是比利时人，要么有比利时海外关系。而当时比利时人必须要通过审查才能被视为可靠。这个组织是后来反情报部队的前身。

（接上页）洛普：《英国黑室女兵》，杨惠萍译，金城出版社，2017 年。

1　诺加利斯（Nogales），应指亚利桑那州诺加利斯，位于美国和墨西哥边界。

2　平克顿侦探事务所是美国著名的老牌侦探事务所，创办于 19 世纪中叶，广泛参与美国镇压罢工工作，后来逐渐衰落了。它在大众文化中也常有出现，例如福尔摩斯小说系列、007 系列。电影《泰坦尼克号》中，露丝未婚夫的保镖就是一个前平克顿侦探。

正如这篇备忘录开头所述，本文并不是记录总参谋部军事情报司的全部历史，而且我们那时也很少获得什么“积极情报”。这并不是因为军事情报司没有开展多少与搜集、加工和分发军事情报有关的工作，而是因为这些工作都是纯日常的，在这样的备忘录里没有特别必要提及。

1918 年 6 月，我被调往海外，分配到潘兴将军的参谋部 G-2 部门。有关事件将会记录在另一份备忘录中。

备忘录（二）

加利福尼亚州圣迭戈

1950 年 6 月 5 日

正如 1949 年 4 月 8 日我所写的备忘录所言：

这篇备忘录既不是官方文件，也不是我的个人历史记录，因为它不是用来发表的。它包括几个与美国陆军军事情报工作的历史和发展有关的一些事件。在近 55 年的情报工作后，我现在将其回忆出来。本文很可能包含一些小偏差，因为除了少数日期，大部分内容都靠我的记忆，也没有笔记可以参考。写下这篇备忘录，是因为没有什么在世者与美国军事情报的早期历史有交集。由于陆军中现在很少有在世者了解美国军事情报的早期历史，我相信，那些对此感兴趣的人会愿意通过一个与相关事件关系密切的人的视角，了解军事情报的发展。[1]

不过，在写作这篇备忘录的过程中，我参考了自己在欧洲工作期间写的日记。日记里有我访问的地点、联系人姓名和相关日期，但没有详细记载当时的情况。我也参考了那段时间内我收到和发出的各种有关情报事务的信件。

本备忘录记述那段历史的方式也许显得不寻常。但我认为，将我与各种军官的会面、官方的各种调查方式与程序按照时间顺序记录下来，并与当时的各种历史事件结合到一起，会描绘出一幅更加清晰、

1　这段文字即本书的“备忘录（一）”的开头。

更加容易被理解的画面。这幅画面不仅包括我们在欧洲的军事情报工作，而且还包括我们与协约国情报部门和华盛顿的军事情报司的联系。

我与现在的军事情报司关系并不密切，也没法让他们允许我对其批评或提出建议。不过，我觉得我有义务让所有阅读这篇备忘录的情报官员注意这一点：以下内容都是我密切参与军事情报工作55年的经历后得出的深思熟虑的观点。除非陆军让军事情报工作变成一种“职业”的选择，否则陆军永远也无法开展真正有效率的军事情报工作。换言之，除非军官证明自己是一个称职、有效率的情报官员，否则不会鼓励他们将军事情报工作视为自己陆军生涯的使命。由于情报官员的效率建立在他们完整地接受军事各方面的训练，并且需要多年的学习和工作经历，因此这一标准只适用于高级情报官员。

R. H. 范德曼

美国陆军退役少将

正如我在写作第一篇备忘录时要完全依靠记忆，所以这篇备忘录中也会省略许多事情。因此，我最好先行点出几个我不会详细记录的事件。首先，这些事件发生时，美国还没有军事情报组织。其次，据我所知，情报档案没有对它们的任何记录。

其中一件事的细节是德国驻美助理武官告诉我的。他当时从华盛顿被派往洛杉矶执行任务。他告诉我这件事时，是在战争结束很多年后，他那时已经成为一个美国公民，而他的儿子则是美国陆军预备役中尉。在美国参战之前，德国已经决定在印度鼓动发起一场叛乱，并且制订了详细的计划，但是需要提供大量步枪和弹药。因此，德国购买了许多步枪和弹药，储藏在洛杉矶。德国人获得了一艘小型纵帆船，打算将这些步枪和弹药运到墨西哥海边的一个岛附近，在那里和一个叫“游侠”（Maverick）号的蒸汽船碰头并移交货物。然而，当这艘纵帆船到达岛上时，“游侠”号却不在那里，而且岛上没有淡水供应。纵帆船即将没有淡水，于是开往最近的墨西哥港口。美国国务院这时已经发觉此事，在美国政府的请求下，墨西哥政府扣押了这艘船及货物。姗姗来迟的“游侠”号到达约定地点时绕岛一周，发现既没有纵帆船的影，也有没纵帆船的信，于是启程前往马尼拉。“游侠”号本来打算在马尼拉买一批左轮手枪，但也没有买成。它最后前往目的地——印度的卡拉奇[1]（Karachi）。

同样，正如当时的猜测，德国政府也制订了在美国鼓动发起一场叛乱的计划。这当然交给了在美国的间谍和组织。美国一直到对德宣战后，才针对这一计划采取行动，在纽约城搜寻人们所传言的德国藏匿的军火。美国在“德国俱乐部”所在的大楼地下二层发现了许多货箱的痕迹，而有证据显示这些货箱里有军火。我们并不知道这些步枪运到了哪里，但有传言它们通过水路运到美国中西部并藏了起来。

军事情报司成立后，组织调查了另一个情况略微不同的军火事件。1917 年十月革命前，俄国沙皇政府购买了许多步枪和刺刀，打算由间谍运回国。这件事广为人知，但军事情报司并不知道这些军火的储存地点，而且不知道它们最后运往哪里。虽然苏联政府的间谍有可能设法将军火运出了纽约城，并伪装成其他物资从其他港口运出美国，但军火更有可能压根

1 今天的巴基斯坦属于当时的英属印度殖民地，故有此说。

就没能运出纽约港。最近，一份报纸提及了弗朗茨·冯·林特伦（Franz von Rintelen）。这让我想起了第一篇备忘录里，提到从美国到法国的军火运输船上发现了燃烧弹的事情。当时，我忘记提及主导这件事的德国间谍就是冯·林特伦。

正如所有情报机构现在所知道的那样，一战期间，德国在美国的情报和秘密工作中心是华盛顿的德国大使馆。其他同盟国在美国和英国的情报与秘密工作中心也是该国驻美国和英国的大使馆。在一战和二战之间，德国和意大利继续使用着同样的系统，一直到二战爆发。苏联现在在美国和在铁幕之外的所有国家也是使用同样的系统。

一战爆发时，德国大使及随从就被驱逐出境。在此之前没多久，一个受雇于德国驻美国大使馆的美国人碰巧知道我从事情报工作，他通过大使馆档案整理出卡片并交给我。这些卡片是现役美军许多官员的简要记录，包括他个人和军事生涯履历——如果军官已婚，还有他的妻子及娘家的简况。记录的最后是进行汇报的间谍所下的判断：这个人能否被收买。当然，为了保护他，我把这些卡片交还给了这个美国人。我最多看到了不超过一打记录，但这个美国人告诉我，档案里还有很多，至少包括现役美军上尉军衔以上的所有军官。

在一份备忘录中，我忘记提到我们之前得到过德国大使馆的一个高级官员阿尔贝特先生的手提箱。我们是在德国大使及其随从被驱逐出美国前得到这个手提箱的，其中包括德国大使馆开展情报和秘密工作的信息，而且数量很多，令人震惊。沃斯卡先生是这件事的主要功臣，他后来是军事情报司的一个上尉。

我也应该提一提著名钢琴家、后来的波兰首任总理伊格纳西·帕德雷夫斯基（Ignaz Paderewski），他多次拜访美国的情报部门。帕德雷夫斯基最渴望的就是美国把他的波兰军团编为美军的一部分参战。

1918 年 6 月，当我被调到海外时，马尔伯罗·丘吉尔中校接替了我。丘吉尔曾在美国远征军总部 G-2 部门短暂任职。他之前被调回美国是为当时组建的国民军训练一些军官。他虽然没多少情报工作经验，但是很受总参谋长佩顿·C. 马奇将军青睐。马奇将军觉得丘吉尔是他眼中最能领导情报工作的人。丘吉尔中校作为总参谋部军事情报司负责人、军事情报司恢复总参谋部应有的位置，以及他晋升为准将后的表现证明，总参谋长的选择是正确的。

人们对于马尔伯罗·丘吉尔担任军事情报司负责人以来的完美工作知之甚少。他后来从办公室一位秘书那里传染上了昏睡病[1]而退休。他写给美国远征军总部 G-2 部门负责人诺兰将军的一封信，在本书中作为“附录一”出现。这封信展现了他的优良品格，以及他对维护美国利益所持的爱国主义与奉献精神。在阅读这封信时，读者不要忘记，他在敦促华盛顿调回取代他军事情报司负责人职务的人。

我在第一篇备忘录中没有提到军事情报司行政秘书的名字。他叫亚历山大·考克斯。以我之见，战争学院的军事情报工作所取得的卓越成就，首先归功于他。当军事情报司成为总参谋部的一个司之后，他依然是行政秘书，继续出色地完成任务，直到被派往海外。考克斯不仅是最有才干的军官，而且在情报工作方面拥有许多经验。在我第一次前往中国绘制一张最新地形图时，他就与我同行。

1918 年 6 月 5 日，我离开华盛顿前往纽约城，并在次日晨抵达纽约。我与尼古拉斯·比德尔（Nicholas Biddle）少校会面，他是纽约的情报部门负责人。在接下来几天时间里，他和我仔细地检查了他部门的工作情况。比德尔少校还陪我前往新泽西州霍布肯（Hoboken）老的北德意志劳埃德蒸汽船公司（North German Lloyd Steamship Company）的出发港。所有待命前往海外的官员都要在此办理手续。出发港的情报官员是邓纳姆（Dunham）少校。

比德尔少校曾是纽约大都会警察局的一名军官，受纽约城警察局局长的推荐负责纽约的情报部门。比德尔是最佳人选，因为他工作做得非常好。战争期间，纽约的情报部门取得的许多成就都要归功于他。他为自己部门挑选人员。而他所挑选的人的表现，又证明了他的识人之准。比德尔的部门组织得井井有条，平稳、高效地运行着。

我在霍布肯的出发港完成手续后，碰巧遇到了谢尔曼·迈尔斯（Sherman Miles）少校。他自组建之日起就在华盛顿的军事情报司工作，是总参谋部中受命前往海外的军官之一。他告诉我，除了我和汉密尔顿·S. 霍

1 昏睡病（sleeping sickness），一种传染性疾病，又叫非洲锥虫病。

金斯（Hamilton S. Hawkins）上校，其他人乘坐的都是英国船只，所以首先到的是英国。

6月9日早晨，我按照安排登上轮船，见到了和我乘坐同一班次的霍金斯上校。我们早上9点开拔，随后停泊在下湾[1]。一两个星期前，德国潜水艇就在我们的海岸边游弋。那天，纽约湾东侧就发现了一艘德国潜艇。因此，我们受令从下湾直接出海，随后在午夜时分遭遇了一场猛烈的雷暴。这艘船超重达40%，出于种种原因，这次航行并不让人感到舒适或愉快。

船队包括四艘海军的运输舰。我们没有得到任何护送，直到抵达了一个集合点，与一些驱逐舰汇合。这时，我们离布列斯特还有两天的航程。接近布列斯特港时，一艘小飞艇加入了护送队伍中。我们平稳度过了整个航程。6月19日早晨，我们抵达布列斯特，并于晚上5点上岸。

6月22日，我和霍金斯少校得到命令，要求前往布鲁瓦[2]。美国远征军的待命官员都要在这里等候下一步指令。从布列斯特（Brest）到布鲁瓦的铁路线要通过巴黎，但由于当时德军开始进攻马恩河，巴黎正在疏散，这条铁路线很混乱。因此，军事人员要坐船绕开巴黎，而非直接坐车穿过巴黎。6月23日晚上，我们抵达布鲁瓦，并被送往接待待命官员的布鲁瓦酒店（Hotel du Blois）。

次日，我向待命军官总部报道并登记，并致电肖蒙（Chaumont）的美国远征军总部G-2部门负责人丹尼斯·诺兰。我之所以这么做，是因为我发现，有时候待命官员要在布鲁瓦待两个星期到一个月才能得到安排。诺兰上校在电话里告诉我，他知道我被派到法国，但并不知道我已经到了。他说我得来总部接受任命，并且告诉我，他看到了我的任命是继续进行情报工作，并说我要负责坎帕纳里（Campanari）中校所控制的据点内的情报工作。我在待命军官总部登记时见到过坎帕纳里中校。

第一个据点是圣艾南（St. Aignan）小镇，驻扎着一个作为后备队的师，当时由亚历山大将军指挥。我们从这里驱车前往雷莫兰丁（Remorantin），这里有查尔斯·J. 西蒙兹（Charles J. Symmonds）上校领导的备用仓库与劳动营，以及肯德里克（Kendrick）上校领导的飞机组装营。我们随后于

1　下湾（lower bay），位于曼哈顿岛南侧。

2　布鲁瓦（Blois），位于法国中部。

晚上 8 点回到布鲁瓦。次日，我和坎帕纳里中校前往图尔（Tours），图尔有后勤总部及我们在法国最大的仓库和商店。军需部主任、医疗部主任、工兵部队负责人、航空部队负责人和其他官员也在这里。他们的办公室位处一座古老的法军营垒，由一个广场上三个方向的三座四层砖房组成，并由弗朗西斯·J. 柯尔南（Francis J. Kernan）将军担任总指挥。

我在这里第一次见到了后勤部情报官员卡波特·瓦尔德（Cabot Ward）上尉，他在巴黎也有一个情报工作办公室。我后面会经常见到他。在访问瓦尔德上尉在图尔的情报工作办公室和后勤部一些军官后，我和坎帕纳里中校回到布鲁瓦。我知道，一旦肖蒙总部的命令下达，我得再去图尔一趟，更加详细地了解情报工作的问题。

次日——6 月 26 日——早晨，我收到了来自肖蒙总部的命令，并前往图尔。在 6 月 27 日的早餐后，我拜会了“回收工厂”的负责人，并和他一道参观工厂，后者由三个巨大建筑组成。衣物在这里进行灭虱处理并进行修补，以重新发放。除了军火，所有在战场和公路上找到的物资都被送到这座“回收工厂”，接受清洗和修补，或者制成其他东西。没法补好的军帽被改造成医院病人穿的拖鞋。修不好的鞋子就被撕成碎片或制成鞋带。这个工厂的工作几乎都是由法国妇女完成的，此外只有少数几名士兵受雇于此。

参观这一工厂之后，我赶上了晚上 8 点前往肖蒙的火车。这班列车被称作“好样的”（At-ta-boy）[1]，名字源自威廉·W. 阿特伯里（William W. Atterbury）将军，他负责驻法美国远征军控制的所有铁路线路。这班列车上的司乘人员都是之前在铁路工作过的美国士兵，甚至连卧铺车的搬运工都是一个前“红帽子”[2]。我们在次日——6 月 28 日——凌晨 0 点 40 抵达肖蒙，比原定时间晚了两个小时。

因日常公事前往肖蒙的瓦尔德上尉在火车站和我碰头，带我前往情报部门的“第一号”餐厅。在那里，我碰见了 A. 莫雷诺（A. Moreno）少校、N. W. 坎帕诺尔（N. W. Campanole）少校、威利·霍韦尔（Wiley Howell）少校、弗兰克·摩尔曼（Frank Moorman）上尉、T. H. 哈伯德上尉。诺兰

1 Attaboy，既有“好样的”的意思，又与阿特伯里将军的名字谐音。

2 “红帽子”（Red Cap），是北美火车站搬运工的俗称。

上校和阿瑟·康格（Arthur Conger）上校站在最前面。餐厅坐落在甘比大（Gambetta）大街25号的一座私宅中。诺兰、莫雷诺、摩尔曼和布鲁斯·马格鲁德（Bruce Magruder）少校吃住在这里，而霍韦尔、康格、E. W. 麦凯布（E. W. McCabe）少校、R. G. 亚历山大（R. G. Alexander）少校、坎帕诺尔、哈伯德和A. 詹姆斯（A. James）少校在这里用餐。詹姆斯少校在城里时，负责管理官方承认的报纸记者。许多有趣和重要的人的午饭或晚饭都在这个餐厅里吃，而且许多关于情报工作的重要事情也在这里讨论。

我们在这个餐厅吃了午饭，然后前往美国远征军总部。总部坐落在一个法军营区内，由一个广场上分别面朝三个方向的三座四层石制建筑组成。这个广场位于一个高地之上，俯瞰着一条河流。

总司令办公室和总参谋部位于中间的一座建筑。副官长及副手位于右侧建筑，工兵部队、坦克部队和其他人则位于左侧建筑。我先向副官长报到，随后前往诺兰上校的办公室，并得知潘兴将军想见我。我立刻赶到潘兴将军的办公室，和他进行了近一个小时的谈话。他告诉我，他希望我接着负责情报工作。他在此之前已经和诺兰上校谈及此事。他说，在我熟悉美国远征军的情报工作——尤其是前线工作和协约国的情报工作合作——后，我就应该回到华盛顿，继续负责总参谋部军事情报司。我告诉他，我已经和诺兰上校在电话中谈过了。诺兰还希望我负责驻中立国的武官工作。潘兴将军表示赞同。

谈话之后，我拜见了总参谋长詹姆斯·W. 麦克安德鲁（James W. McAndrew）将军。他说他们正要签发命令，让我前往美国远征军总部G-2部门工作。我随后回到G-2部门，他们分配给我一张桌子，我可以在第二天上午就开始工作。次日——6月29日——我开始了第一项任务，那就是熟悉G-2部门各个办公室。除情报部门以外，所有办公室的工作时间是上午9点到中午12点30分，以及下午2点到7点。情报部门工作人员除了以上时间，在吃完晚饭后，还要回到办公室，接着工作到夜里11点。这当然是由于情报工作处理的事务性质所决定的，情报部门需要在一天结束时，处理完每天的行动和活动报告，其中就包括分发美国远征军每天的行动总结，这是由诺兰上校亲自负责的。

办公大楼由电灯照明，还有燃煤炉取暖。所有的窗户都有黑色的窗帘。

一旦开灯，就要把窗帘拉下来。这是为了让敌人的轰炸机难以定位我们大楼的位置。奇怪的是，在整个战争期间，无论是肖蒙总部，还是我们的大楼，都没有遭到轰炸。原因难以解释，因为我们的大楼坐落在河畔高地。在月光下，大楼十分突兀。尽管我们面临过许多次“警报”，但战争期间没有一颗炸弹落到肖蒙地区。

美国远征军总部 G-2 部门取得的成绩，在数量上惊人，在质量上卓越。我们应当记住，G-2 部门里，没有一个人此前有过军事情报工作训练和工作经验，所以他们的工作格外引人注目。在潘兴将军及随从抵达欧洲后，G-2 部门才产生。诺兰将军写过 G-2 部门的组织历史，对它的架构的描述和相关细节，也都可以从档案中获得。然而，如果让我简单勾画我加入之时 G-2 部门的组织架构，恐怕也挺有意思。和当时许多军事情报组织一样，G-2 部门既是一个“技术”部门，也是一个参谋部门。它下属三个分部，叫作 A、B、C 分部。A 分部负责当时所称的积极情报——搜集、加工和分发军事信息；B 分部负责当时所称的消极情报，现在叫作反情报——阻止敌方及其间谍获取有关我方武力或活动的军事信息，或阻止他们通过破坏行动干扰我方活动；C 分部是制图部门，负责搜集、绘制和分发我方占据或准备行动的区域地图。最后，这个分部配备有移动绘图卡车。

后来的少将、那时的上校丹尼斯·诺兰，在当时是副总参谋长，主管 G-2 部门。阿瑟·康格上校主管 A 分部，莫雷诺少校主管 B 分部，R. G. 亚历山大少校主管 C 分部。

除了情报工作，G-2 部门还负责管理属于美国远征军的报纸记者。这就意味着要确保记者们有地方住、有地方吃饭，把他们带到正在行动的地方，而且不能让他们在美国远征军内随意游荡。管理记者不是一个容易的差事。谁要管理他们，谁的运气可真不好。

A 分部最重要的职责之一就是实时更新“战斗地图”。这是一张包括整个前线的大比例尺地图，显示我方和敌方军队各师的位置。这是一项很重要的工作，需要负责人员持续关注。为什么这么一张地图如此重要？因为当时的战争处于壕沟战和阵地战的时代。师以上指挥官最重要的就是知道敌方师的位置。

当时，A 分部和 C 分部都在忙于为一个定于 1918 年春协约国进攻德国的计划收集数据和地图。他们使用了来自美国的大量信息。我在第一篇备忘录中提过这件事。

1917 年 7 月 2 日，诺兰从前线回到肖蒙总部。我们进行了一次长谈，主要关于我接下来打算怎么做，应当接受什么样的指令。诺兰知道，战争部长希望一旦我完成被指派的所有工作，就把我调回华盛顿的原部门。他也知道，潘兴将军同意这一想法。几次谈话后，我要完成的任务、我要接受的指令被确定下来了，我首先要巡视美国远征军总部 G-2 部门的各个分部，以了解工作情况。随后，我要检查我们驻法国、英国、瑞士、荷兰、丹麦、挪威、意大利和西班牙武官的工作情况。对于驻外武官，除了检查他们的工作，还有一个任务。之前，有些驻外武官有时并不仔细遵循华盛顿情报部门下达的指令。这些指令要求驻欧洲的所有武官一旦得到任何信息，除了传回华盛顿的情报部门，还要立刻传给美国远征军总部 G-2 部门。有些驻外武官似乎并不理解为什么要传给美国远征军总部 G-2 部门。

巡视这些地方的命令要视情况而定。我先去了英国远征军和法军的情报部门，随后考察了英国在伦敦的情报部门，以及法国在巴黎的第二局（Deuxieme Bureau）。我在瑞士考察了副领事和我们驻外武官的合作情况。完成这些工作后，我去往前线，研究陆军军团、军、旅和团的情报部门。这一切都是为了将我们驻外武官和情报部门的工作与美国远征军总部 G-2 部门和华盛顿的军事情报司的工作协调起来，以及从英法情报部门那里获得尽可能多的支持。我从这一工作中得到的知识，不仅对美国远征军的情报工作有好处，而且对我们本国的情报工作也有好处。我从这些调查中得到的信息，既向美国远征军总部 G-2 部门汇报，也向华盛顿的军事情报司进行汇报。

7 月 6 日早晨，卡兰・奥拉夫林（Callan O’ Laughlin）少校来到办公室，我带他去吃午饭，让他和诺兰上校有安静的交谈机会。近来，美国远征军的所属记者带来了很大干扰。我知道，诺兰想和奥夫拉林谈谈这件事。奥拉夫林是一位知名报人，对记者有很大的影响。他后来成为《陆军和海军日志》的编辑和出版人。在这次谈话后没多久，他就被调往 G-2 部门执行特别任务。

由于我有必要得到前往瑞士的护照，而且还需要前往会见我们驻巴黎的武官。因此，7月10日，我和奥拉夫林少校与坎帕诺尔少校一道离开肖蒙，乘汽车前往巴黎。我们在下午早些时候抵达巴黎，随后前往丽兹酒店（Ritz Hotel）。按照约定，我在此会见一位我们驻法大使馆的武官古尔尼·穆恩（Gurnee Munn）。读者应当记得，在此期间，德国正在马恩河发动反复进攻。巴黎的许多军官担心，巴黎会遭受攻击甚至陷落。因此，在我们从肖蒙前往巴黎的路上，到处都是军队。

午饭后，我和穆恩前往驻法大使馆。在那里，见到了驻法武官巴克莱·沃伯顿（Barclay Warburton）少校，以及其他助理武官，包括麦克法登（McFadden）上尉、马弗里克（Maverick）中尉、霍弗（Hoffer）中尉和桑格（Sanger）中尉。我还会见了大使馆参赞罗伯特·布利斯（Robert Bliss）、秘书休·吉布森（Hugh Gibson），并用很长时间谈论了法国的情报事务。大使馆对此格外关注。驻法武官办公室位于大使馆所在大楼的顶层。

次日，奥拉夫林和我按照要求前往宪兵主任办公室进行登记。只有进行登记，我们才能得到糖、面包和配给卡。没有这些卡，我们在任何饭店或酒店无法得到糖和面包。登记后，我回到驻外武官办公室，讨论与驻外武官相关的工作。我在1918年10月20日写给丘吉尔的信中，详细描述了驻外武官办公室、后勤部G-2部门之间的关系。信里写道：

你问我巴黎局势如何，也问我关于卡波特·沃尔德和沃伯顿的事情。你的原话是，你对此“不是很清楚”。

如你所知，卡波特·沃尔德是后勤部副总参谋长，是后勤部G–2部门负责人。他和美国远征军总部G–2部门的关系，与陆军G–2部门的关系是一样的。换言之，他虽是后勤部的军官，但他的特别任务的指令来自美国远征军总部G–2部门。当然，后勤部唯一进行的情报工作，就是在后勤部管理地区进行反情报工作。这就意味着，在战斗区域后方我军驻扎的法国地区，以及有关我们在英国的军事利益都是后勤部的管理范围。后勤总部在图尔，但其主要反情报工作围绕着巴黎展开。瓦尔德因此把他的主要办公地移到这里，只在图尔留一个代表亨勒丁（Henretin）少校。瓦尔德和亨勒丁经常打电话，并且时常前往图尔。

后勤部反情报工作人员，包括目的港（Ports of Debarkation）英国伦敦、利物浦、卡迪夫的港口管理官员，以及英国和爱尔兰的航空营的反情报官员。一些与美军活动有关的重要城镇和营地里，也有一些反情报官员，包括后勤部控制的大的劳动营、飞机组装营、回收工厂等。在这些地方，瓦尔德都进行着反情报工作。至于那些驻扎在后勤部控制地区的师，后勤部反情报工作也和部队反情报工作保持紧密联系。虽然后勤部对这些师没有任何领导权，但是部队的反情报工作总是接受美国远征军总部 G–2 部门的领导。后勤部反情报工作和宪兵主任、法国第二局、保安局及后勤部所在地区城镇的法国当地警察之间都有着紧密联系。他们也和巴黎警察、协约国反情报工作、我们驻外武官办公室之间有着联系。在后勤部建立、瓦尔德在巴黎设立办公室前，驻外武官负责许多活动。现在这些活动也归瓦尔德的办公室管理。当我第一次前往巴黎时，我发现瓦尔德和沃伯顿头脑中对于两人职责范围划分很混乱，而且两个办公室之间很少有沟通。他们之间的摩擦多半是因为这种混乱。他们只花了很少一段时间就把两者关系理顺了。他们的个人关系现在十分密切，工作成效显著。

其中一项从驻外武官转移到后勤部反情报工作的职责就是护照签证事务。很明显，比起驻外武官，后勤部反情报工作管理护照签证事务更为有利。甚至国务院在巴黎成立护照处之前，护照签证事务还属于后勤部反情报工作的一部分。

我觉得，这会让你对后勤部反情报工作职能、瓦尔德的部门和沃伯顿的部门之间关系有个大体印象。当然，只有在护照管理事务上，驻外武官才把全部职能移交给后勤部。而至于后勤部与军事情报司之间的电报通信，你将会在下一封信中收到我关于这件事的备忘录。此外，你如果想立刻从后勤部获得关于反情报工作的任何信息，可以电报联系沃伯顿，而他将会立刻从瓦尔德那里获得信息并告知你。或者，你如果想和 G–2 部门联络并且不想通过常规电报，也可以通过沃伯顿的部门。

在和驻外武官沃伯顿少校谈话后，我前往拜见斯蒂克尼（Stickney）上尉，他是美军在法国邮局审查部门的代表。这次拜见是为了了解审查部门的工作情况，并与斯蒂克尼上尉建立个人关系。我随后礼节性地拜访了法国第二局负责人古尔根（Gourgen）上校，以及负责反情报工作的副手瓦尔纳（Walner）上校。我在此之前已经见过瓦尔纳上校好几次。在我们和英国情报部门的心目中，瓦尔纳上校是法国最优秀、最有效率的情报官员。而他能讲一口流利的英语，总是有助于他与我们或英国人打交道。

次日，我设法获得一些能在瑞士穿的便装。所有在法国的美国军官都需要穿制服，所以我从美国过来时，随身并没带便装。但是，我不便在瑞士或其他中立国穿制服，因为这样会让我显得是在执行公务。做完这件事后，我与大使馆的罗伯特・布利斯先生进行了一番长谈。与布利斯先生、休・吉布森先生的谈话很有价值，让我了解了更多关于法国和邻近中立国情报工作的事情。

第二天，我申请前往瑞士和西班牙的护照。上级希望我去过瑞士后，接着再去西班牙，因为在西班牙有些事情需要处理，诺兰上校想确认有关那里同盟国间谍的一些事情。申请完护照后，我回到驻外武官办公室，发现利兰・哈里森（Leland Harrison）从华盛顿发来一封长电报。利兰・哈里森在国务院主管秘密情报工作。我负责华盛顿的军事情报司时，曾和他合作密切。国务院总是否认它有一个秘密情报部门。我后面会去瑞士的伯尔尼，哈里森的电报讲的事情，就与在伯尔尼的工作有关。

午饭是在丽兹酒店吃的。军需部的哈里・罗杰斯（Harry Rogers）将军向我介绍了一位女士，她在有关潘兴将军的流言中扮演着重要角色。我在这篇备忘录后面会进一步介绍。

当天晚上，我碰见了詹姆斯・哈伯德将军。作为海军陆战队一个旅的指挥官，他刚刚从贝罗伍兹（Belleau Woods）的战事中回来。1893 至 1895 年，哈伯德与我同在步兵和骑兵学校。他之前作为潘兴将军的总参谋长前往欧洲，但自告奋勇去往前线指挥战斗。

沃伯顿少校为奥拉夫林少校、坎帕诺尔少校和我弄到了巴士底日[1]——

1　巴士底日，即法国国庆日。1789 年 7 月 14 日，巴黎人民攻占巴士底狱，法国大革命爆发。

7 月 14 日——庆祝活动的阅兵式门票。我们三个人在第二天上午就前往检阅场。阅兵式中有许多法国高级军官和文职官员，还有美国官员，比如塔斯克・H. 布利斯（Tasker H. Bliss）将军及其随从。布利斯将军是最高战争委员会的美方代表。

协约国各国都派出了受阅部队参加阅兵。部队虽然规模都不大，但是看上去十分威武。尤其是美国受阅部队，刚刚从前线回来，甚至来不及擦掉鞋子和衣服上的泥土。人们拍摄了阅兵部队和检阅台的影像，一个多星期后，就在华盛顿的国务院及华盛顿西北处一个小型剧院里放映了。

午餐后，我前往休・吉布森的公寓，在那里见到了驻瑞士公使馆一等秘书（First Secretary）休・威尔逊。与休・威尔逊的会面让我受益良多，因为他给我提供了很多有关伯尔尼和瑞士的情况。不然，我只能到了伯尔尼后再打听。与吉布森和威尔逊谈话后，我回到丽兹酒店，碰见了沃斯卡上尉。

沃斯卡曾是奥匈帝国一家报纸的编辑。由于政治上遇到麻烦，他不得不在 1914 年战争爆发的 12 年前去往美国。他是美国境内波希米亚民族联盟（Bohemian National Alliance）的实际组织者。1914 至 1916 年，他为英国情报部门工作，十分巧妙地完成了一些任务，并将他的波希米亚组织的作用发挥到极致。如前所述，沃斯卡就是获得德国宣传家阿尔贝特博士公文包的人。沃斯卡通过波希米亚民族联盟持续关注奥匈帝国境内事务。他从美国向奥匈帝国派出了许多间谍，费用都来自波希米亚民族联盟。美国参战后，沃斯卡停止了波希米亚民族联盟的活动。按他的说法，是因为他觉得美国此时应当直接指导波希米亚民族联盟的工作，那就意味着军方的控制。

对沃斯卡及其工作，我早有耳闻。我还调查并上报过关于他的报告。在战争部长贝克尔离开美国第一次前往欧洲前没多久，沃斯卡就来见我。他向我介绍了全部情况，建议让他进入军事情报司或者以文职间谍身份将他委派到法国，在美国远征军总部 G-2 部门工作。国务院表示同意，并且高度赞扬沃斯卡的诚实和忠诚。在和沃斯卡详细讨论后，我前往拜见第二天就要离开华盛顿的贝克尔先生。我提议，我们吸纳沃斯卡和波希米亚民族联盟中五六个已经加入美国陆军的人员。沃斯卡有一个提议就是继续进行波希米亚民族联盟的工作，在匈牙利煽动革命，以及进行一些破坏工作。战争部长对破坏工作表示反对。因此，我搁置了这件事，打算等部长从欧洲回来后再提，因为我确信那个时候的部长，看问题时会有一个完全不同的角度。在他回国几天后，我又一次提及此事。果然如此，他同意了整个提议。我们随后吸纳了沃斯卡和其他六个人，并把他和其中五个人派到法国的诺兰上校手下。当我去美国远征军总部 G-2 部门时，沃斯卡已经被派往意大利了，他要通过意大利边境联系上他在奥匈帝国的间谍。他还在巴黎留下两个官员，和捷克斯洛伐克临时政府外交部长爱德华·贝奈斯[1]保持联系。沃斯卡在意大利建立好联系后返回法国。我与他进行了一次长谈，他向我介绍了他的工作，我们都同意我需要和诺兰上校谈谈，研究一下他的工作是否还需要任何调整。

次日——7 月 15 日——上午，我和奥拉夫林少校、麦基尔文（Mcllvane）少校乘汽车离开巴黎，前往第一师指挥官亨特·里格特（Hunter Liggett）在拉费尔代（La Ferte）的总部。我们中途要经过莫城（Meaux）。我和奥拉夫林少校几天前才来过莫城，因为美国远征军所属的一些住在莫城酒店的记者当时有点棘手，所以诺兰上校想让奥拉夫林和记者们谈谈。当我们抵达莫城时，我们驱车前往记者所住的酒店，想要问问路，却发现记者们都离开了。当我们进入酒店时，一颗高爆炮弹恰好落在酒店拐角。我们随后发现，在那天上午，马恩河沿岸到处都遭受了炮击，德国人显然正在发动进攻。我们在离开莫城前往拉费尔代前，又有更多的炮弹落在了城里。我们沿途可以看到炮弹在我们右侧的山脊上爆炸，我们发现，整个上午，德国人都在着眼于炮击桥梁和马恩河沿岸的交汇点。上午 11 点，我们到达里格特将军的总部。发现总部坐落的高地一直在遭受攻击，飞机整夜在进行轰炸。没有人能睡得着。炮击持续了一个上午，但幸好没有哪个炮弹或炸弹落到高地上。里格特将军是我的老朋友。因此，一到总部，我就前去见他，谈了很长时间。让他很生气的是，就在拉费尔代的外面的山脊上，放置着一门巨大的舰炮，整夜都在炮轰德国人。将军并不知道舰炮造成了多少杀伤，但抱怨舰炮使得拉费尔代遭到敌人的火力还击。里格特将

1 爱德华·贝奈斯（Edward Benes，1884—1948），捷克斯洛伐克政治家，曾任捷克斯洛伐克总统（1935—1938、1941—1948）。

军部队的 G-2 部门负责人是威廉姆斯上校。由于当时蒂耶里城堡（Chateau Thierry）和马恩河其他各处都在发生战斗，战俘数量众多。这也让我第一次有机会观察部队的 G-2 部门在战斗中是如何工作的。

检查战俘的工作十分有趣。德军士官展现出的智力和教育水平让人印象深刻，他们可以看懂地形图，可以指出地图上他们所知道的部队位置，还能说出他们所在军队的其他细节。当我们正在观察里格特将军部队的 G-2 部门的工作时，马林·克雷格（Malin Craig）将军来了。我很想去蒂耶里城堡看看，但遭到里格特将军拒绝。而奥拉夫林体温变得很高，他显然染上了流感，我们必须得把他送回肖蒙，因为里格特将军这里没有相应的医疗设施。于是，我们在下午早些时候启程前往肖蒙。直接到肖蒙的路，被军队和后勤车辆堵得严严实实，难以通过，我们于是绕道，经蒙米拉伊（Montmirail）、苏珊（Suzanne）、特鲁瓦（Troyes）和奥布河畔巴尔（Bar-sur-Aube），于晚上 7 点抵达肖蒙。晚饭后，我像往常一样前往 G-2 部门。

肖蒙城里遍布地下室和石拱地窖，当炮击和飞机轰炸时，可以作为避难所。一旦察觉敌方飞机来袭，一辆消防车就会发出警报。它在城里飞驰，车上的司号员吹着法军的“警报号”。这时，所有平民都要离开街道，前往地窖。直到这辆车再次在城里飞驰，响起法军的号角，平民才可以出来回到家中。有时候，一个晚上会发出两三次警报。虽然前面说过，没有炸弹落到肖蒙城或美国远征军总部附近，但平民对此肯定很不愉快。除了法国人口中的“洞穴”——拱形地窖，总部大楼附近还有深深的壕沟，供军队或其他官员避难。

7 月 21 日，我前往朗格勒城。我们在那里有个情报学校，而美国远征军绝大多数的参谋学校也在那里。朗格勒历史悠久。事实上，早在罗马人占据法国这个地区时，朗格勒就是一座罗马城市。山谷和山脊上，还能看见许多古罗马遗迹。朗格勒也是法国强化防御线（French Fortified Defense）的一部分，从城里可以看到城外好几个要塞，它们构成了这条防御线。在这次比较愉悦的旅途中，我和奥马尔·邦迪（Omar Bundy）将军及其副官随行。这是一个星期天，因而这里的学校没有上课。我们旅途中的唯一收获，就是见到了这里的一些老朋友。

次日，我们驻伯尔尼的武官 W. F. H. 戈德森（W. F. H. Godson）开车带我前往伯尔尼，随行的还有瑞士红十字会会长丹尼特先生（Mr. Dennett）。晚上，我和戈德森就他的工作聊了很长时间。

7月23日下午，诺兰和我与沃斯卡上尉就他的工作进行了一次长谈。在之前一段时间内，沃斯卡在意大利和他在奥匈帝国的联系人开展工作，给奥匈帝国的同盟国以一定的打击，并为我军提供了至关重要的信息。他往往乘坐一架飞机潜入奥匈帝国境内，然后再以同样方式回到意大利。意大利陆军情报部门也参与了这件事。这是我头脑中意大利情报部门给我们提供的唯一好处了。我们在谈话中决定，沃斯卡应当继续开展工作，与贝奈斯先生和捷克斯洛伐克首任总统托马斯·马萨里克[1]先生保持密切联系。

7月24日午饭后，我同丹尼特先生一起乘坐戈德森上校的车，离开肖蒙，前往瑞士伯尔尼。我们的路线经过朗格勒、格雷（Gray）、贝桑松（Besancon），并于下午6点45分抵达蓬塔利耶（Pontalier）。

蓬塔利耶是一个距离瑞士边境3英里的小镇，其重要性在于法国的公路和铁路只通过这里进入瑞士。法国第二局在这里有个管理站，密切检查往来人员。管理站成员是所谓“贝尔福部门”（Belfort Service）的成员。该部门总部在贝尔福，而蓬塔利耶是其下面的一个分站。贝尔福部门负责训练和提供一些最优秀的间谍前往德国、奥匈帝国。正是贝尔福部门得到了1918年7月德国发动进攻的情报。这一情报让协约国能够采取措施抵抗攻势，不但挫败了这次进攻，而且还能发动一场反攻，吹响了结束战争的号角。我们有几位情报官员、情报警察（警长），就在这些前线站点和法国人一道工作，主要在贝尔福、蓬塔利耶、阿讷马斯（Annemasse）和依云镇[2]。

我们离开肖蒙前，已经通过电话联系了蓬塔利耶管理站的负责人。他让我们和他们一起在餐厅吃晚饭。我们在酒店安顿好后，就前往距离不远的餐厅。餐厅和管理站位于同一栋大楼中。我在这里遇见了法国情报部门的利巴里耶（Libalier）中尉和勒孔特（Le Conte）中尉，以及我们情报部门的昆比中尉。贝尔福部门的法国军官几乎都是阿尔萨斯人。战争爆发时，

1 托马斯·马萨里克（Thomas Masaryk，1850—1937），捷克斯洛伐克政治家，曾任捷克斯洛伐克总统（1918—1935）。

2 依云镇（Evian-Les-Baines），依云矿泉水的发源地。

他们都在德国陆军服役。他们在第一时间离开了德国。有些人逃离德国的过程堪称一段冒险之旅，几乎所有人都以化名出现。

这顿晚饭吃得很惬意。我跟其中两位能说一点英语的法国军官相处得十分融洽。我们本来打算早上早些时候动身前往伯尔尼，但利巴里耶中尉收到了一封来自贝尔福部门负责人的电报，让我次日留下来吃午饭。这位贝尔福部门的负责人说他热切盼望见到我，如果我愿意留下来，那么他可以立刻前来蓬塔利耶。出于公务需要，也出于个人原因，我很想见到他。于是我们决定留下来，上午参观了一个很有名的、位于蓬塔利耶和瑞士边境的旧要塞热堡（Fort de Jeux）。前往瑞士的公路和铁路就在堡下穿过。

我们于晚上 11 点 30 分回到酒店。次日上午，戈德森、丹尼特、昆比、勒孔特和我乘汽车前往热堡。这座旧要塞坐落在一块巨大的岩石上。这块岩石看上去是从南侧的主山脊断裂出来并滚到山谷里。如前所述，通往瑞士的主干道穿过这块圆锥形岩石，位于它和南侧的主山脊之间。10 世纪，瑟尔·德热（Seur de Jeux）选中在岩石顶端建立自己的城堡。这个城堡现今依然矗立，并驻有军队。瑟尔·德热是一个“强盗贵族”[1]，而他的城堡位置十分便于他开展抢劫活动，因为城堡可以绝对有效地控制这条路，而在很长一段距离内，这条路也是向南唯一的一条路。在岩石和主山脊之间几乎给公路和铁路没留下什么空间通过。我目测岩石顶端比山谷足足高了 400 英尺。而城堡则建在最高点，一端高悬在路的上方。主路分出一条路况较好的路盘旋着通往岩石顶端和城堡。人们以古老城堡为基础，在不同时期加固岩石顶端和周围。最近一次加固工事来自沃邦[2]。城堡配备了数门现代火炮，能够控制数英里以内的山谷。其中一门火炮放置在岩石内部切割出来的一个小室中，外面有一块巨石挡着。一旦有需要，就可以把巨石推开进行开火。我们通过沃邦加固的暗门，进入北侧岩石顶端的城堡内部。北侧要比南侧低 30 至 40 英尺。进入城堡后，我们通过一座古老的吊桥，穿过一条十分深的护城河。这座桥建于路易十四统治时期。城堡里的军官们就住在这里。

1　强盗贵族（Robber Baron），抢劫经过自己领地的旅客的封建主。

2　塞巴斯蒂安·勒普雷斯特雷·德·沃邦（Sébastien Le Prestre de Vauban, 1633—1707），法国元帅，著名军事工程师。

当然，当时的城堡驻扎着一支很小的休养部队，其中绝大多数都是受伤士兵。通过军官居住的地方，我们穿过一个通道，进入了岩石内部。厨房就在这里。然后，我们穿过岩石顶部的古老城堡。城堡的墙壁约5英尺厚。城堡内被窗户的缝透过的阳光照亮。唯一的热源是小型壁炉，而且数量还不多。在离瑞士边界最远的地方，城堡俯瞰着一条山谷，其中有一条从远处高耸的山脊流下来的小溪。我们从这个旧城堡走下几个陡峭而又昏暗的台阶，进入岩石内部。我们提着一个冒烟的灯笼，走上一个铁质旋转楼梯，穿过岩石中心，走了200英尺。在楼底部，我们走进了一个长廊，保存着要塞的军火和其他物资。在其中一个房间里，穿过岩石挖了一口井，或者叫蓄水池，深度达200英尺，井底能够到达谷底。随行军官点燃了一张报纸，扔了进去。它一直往下飘了很远，直到只能看到点点微光。普鲁士人在1870年攻占这座要塞后，将这座古老要塞内的所有文件都扔到井里，有些文件甚至可以追溯到瑟尔·德热那个时代。法国人并不打算把这些档案弄出来，但说以后会处理。这是典型的法国人的态度——反正总是有时间！我们从这里向上爬了一段距离，然后通过一条水平的通道，进入沃邦加固的地方。这里有铰链窗，是军队驻扎的地方。当我们在军官住的地方时，其中一位军官从壁炉台上取出一个东西交给我。原来是一个人的头骨上端。他说这是黑人杜桑·卢维杜尔[1]的头骨。杜桑·卢维杜尔在海地领导了反抗法国人的起义。海地岛上几乎所有法国人都被屠杀了，他对此负有责任。他被关押在这里，直到死去。他死后，某个兴高采烈的人将他的头骨顶端制成了酒杯！

我们通过城墙里的炮台，走回我们停车的地方，并驱车返回蓬塔利耶的餐厅。这真是一次有趣的旅行。蓬塔利耶过去是法国最大的苦艾酒产地。酒厂此时还在，里面贮藏着上千瓶苦艾酒。但是，法律不仅禁止酿造，还禁止销售苦艾酒。事实上，你送人一瓶苦艾酒，都算得上违法行为。作为苦艾酒来源的小植物，遍布蓬塔利耶周围，我甚至在热堡石阶间看到了。

午餐时分，除了我们一行和日常餐厅里吃饭的军官，我们还见到了贝尔福部门负责人安格利尔（Anglier）少校，就是他让我们留下来一天的；

1　杜桑·卢维杜尔（Toussaint Louverture，1743—1803），拉丁美洲独立运动领袖，海地共和国缔造者。

还有一位英国领事，但我忘记了他的名字；以及英国情报部门的汉密尔顿（Hamilton）上尉，他的情报站位于伯尔尼。汉密尔顿之前在贝尔福待了两个星期，学习贝尔福部门的情报处理方式。法国人在某些情报工作方面拥有一种提供教学的情报学校。我们和英国各有两三名军官在那里学习。

我们于下午 2 点 30 分离开蓬塔利耶，沿着上午前往热堡的路，穿过热堡所在岩石和向南山脊之间的狭长公路，绕过山脊脚下，向瑞士边界进发。离开热堡 1 英里后，我们来到了边境线。公路两侧的哨所之间有一条锁链挡在路上。法国边防站主管检查了我们的护照和文件后，放下了锁链。我们开了 50 码[1]后，到了瑞士边防站，他们也有一样的锁链。我们再次被检查了护照。这里一个军官也没有，只有一个瑞士士兵。他既不会德语，也不会法语，只会一种法国方言[2]，我们没有一个人能够听懂。然而，他却毫无阻碍并且亲切地在我们护照上应该签字的地方签了字。瑞士境内有一个小村庄和海关。不过，我们在海关并没受到什么阻碍，我们接着开车穿过村庄，在村庄另一侧找到了一家酒店。汉密尔顿上尉在酒店打电话，告诉伯尔尼那边我们到了。

我们在晚上 6 点到达伯尔尼。把汉密尔顿和丹尼特送到酒店后，我们接着前往戈德森的公寓。按照安排，我住在戈德森的公寓，这样我就不用去警察局总部登记了，因为我如果要是住酒店，就必须登记。伯尔尼到处都是德国、奥匈帝国和土耳其间谍。我最好保持低调。

次日，我前往驻外武官办公室，见到了戈德森及其手下恩斯特・谢林（Ernest Schelling）上尉、戴维斯（Davis）上尉、德瓦列（Devalle）中尉和金（King）中尉，并与德瓦列中尉、金中尉讨论了反情报工作。随后，我礼节性地拜访了美国驻瑞士公使普莱森特・A. 斯托瓦尔（Pleasant A. Stovall）先生。

我前面提到过，我们收到了利兰・哈里森发来的一则关于苏黎世总领事的电报。我在这里解释一下。当时，我们这位总领事和女儿住在一起，后者嫁给了一个在德国海军总部任职的德国海军上校。上校习惯周末去总领事家。住在伯尔尼周围的瑞士和协约国官员都知道这件事。他们对此议

1　50 码 =45.72 米。

2　Patois，法语里“方言”一词。

论纷纷，认为总领事允许一个敌国军官来美国公使馆实在欠妥。在戈德森上校派往伯尔尼担任驻外武官前，总领事去西班牙了，但到了法国与西班牙边境时生了病，被迫返回巴黎。上级坚持要求总领事留在巴黎，因为他们从瑞士收到举报，内容就是总领事和他女婿的关系。总领事认为这都是戈德森上校搞的鬼。因此，利兰·哈里森的电报就是要求我查明此事并向他告知结果。我对整件事做了详细调查，拜见了所有副领事、戈德森上校及其随从，以及美国公使斯托瓦尔先生。调查最终证明，戈德森与总领事被举报一事完全无关。整件事就是因为这个德国海军军官每周看望总领事女儿引起的。总领事得知调查结果后，也相信驻外武官与自己的窘境无关。而国务院则认为，总领事正通过和这位德国海军军官谈话而获得有价值的信息。国务院要求不得破坏当时双方交流的状态，不得惊动这个德国海军军官。总领事的忠诚从未遭到怀疑。

抵达伯尔尼次日，在谢林上尉的要求下，我开车前往谢林在日内瓦湖拥有的一座城堡过周末。我在城堡遇见了驻瑞士公使馆的休·威尔逊。我们就情报工作方面的一些事情聊了挺久。我在周一上午返回伯尔尼，和我们的公使斯托瓦尔先生吃午饭，并讨论情报工作，尤其是我受命在苏黎世调查的这件事。

7 月 30 日，我和谢林上尉一起驱车前往巴塞尔，并住在当地领事霍兰（Holland）先生家里。我和霍兰先生讨论了他的部门和驻外武官办公室在情报工作上的合作事项。第二天，我们前往苏黎世，见到了领事麦克纳利（McNally）、圣高勒（St. Gaulle）的副领事切尔巴罗（Cherborough），并讨论了日常的情报工作。次日，我们驱车前往卢塞恩（Lucerne），和副领事雷（Ray）先生讨论工作。

8 月 2 日，我们回到伯尔尼，并在晚上与公使馆的休·威尔逊讨论了情报工作和战争贸易。

第二天，我拜访管理我们在伯尔尼公共信息组织的维拉·B. 怀特豪斯（Vera B. Whitehouse）夫人，讨论她所了解的情报工作。我随后去接丹尼特先生，并一道前往他的红十字会仓库。然后，我又去了法国驻外武官办公室。驻外武官带我参观了他的办公室，介绍了他的工作。下一个周末，我也是在谢林的城堡里度过的，并见到了海军的加德（Gharde）上校。上校之前曾致信希望与我见面。他的事情主要是我上面提到的总领事那件事。

星期一回到伯尔尼后，我前往伯尔尼的英国情报部门办公地，和费舍尔（Fischer）少校、兰利（Langley）少校及汉密尔顿上尉讨论有关双方合作的工作。我在 8 月 9 日离开伯尔尼，经蓬塔利耶回到肖蒙。我在蓬塔利耶碰到了当时在美国远征军的富兰克林・P. 亚当斯（Franklin P. Adams）上尉。我们一行经过贝桑松和贝尔苏尔（Bersoul）。

接下来两天时间内，我都待在情报部门写报告，还给丘吉尔将军写了一封个人书信，记叙这次瑞士之旅及一些相关事情。我认为，情报官员会觉得这些事有点意思。这封信附在了本书后面，即“附录九”。次日，英国远征军总部 G-2 部门的德雷克（Drake）上校来了，他要去我们在朗格勒的情报学校发表两场有关情报工作的演讲。我和莫雷诺少校、亚当斯上尉一道前往朗格勒听德雷克上校的演讲。一场演讲安排在上午，另一场则安排在下午。

8 月 13 日，我和莫雷诺、马格鲁德、德雷克上校前往英国独立空军（British Independent Air Force）总部。我们在这里见到了英国空军年轻的负责人丘奇（Church）上校，他还带我们前往不远的飞机场参观。我们在飞机场看到了一架赫德利・佩奇（Hedley Page）轰炸机。赫德利・佩奇是当时已知最大的飞机，看上去确实很壮观！

第二天，我和萨缪尔・D. 罗肯巴赫（Samuel D. Rockenbach）准将一道吃午饭，他指挥着我们的第一支坦克部队[1]。午饭后，我前往约瑟夫・E. 库恩将军的总部，检查部队的情报工作。

8 月 15 日，一则命令让我经伦敦前往荷兰。我在第二天前往巴黎，一直待到 19 日动身前往当时英国远征军在法国的总部蒙特勒伊（Montreuil）。我在这里又见到英国总部的情报官员德雷克上校。我还见到了我们情报部门的福勒（Fowler）少校，和他一道前往第一军在弗吕日（Fruges）的总部。我检查了第一军的情报工作后，回到蒙特勒伊。

在蒙特勒伊，我是德雷克上校的客人。英国远征军总部情报部门位于一个城堡里，就在蒙特勒伊中心广场的角落，而情报餐厅在广场上。德雷

1　即美国远征军的坦克部队（Tank Corps of the American Expeditionary Forces），其中组建的第一个坦克旅旅长是乔治・巴顿。

克上校给了我一个如何与英国人打交道的建议，也许值得记在这里。德雷克说："明天早晨你去吃早饭的时候，只说声早上好就行了，其他什么也不要说。吃完早饭离开餐厅前，你都不要尝试进行任何谈话。"

第二天早上，我前往德雷克上校的办公室，他和我一起检查英军总部的情报工作。反情报工作的档案被保存在迪耶普（Dieppe）南部的一个小城里。我十分仔细地检查了这些档案及其处理方式。

8 月 21 日，在德雷克上校的陪同下，我前往弗吕日吃午饭，随后前往第一军第二旅总部所在的圣奥马尔（St. Omar）。我们检查了这个旅的情报工作，然后回到蒙特勒伊。晚饭后没多久，就有八枚炸弹落到了蒙特勒伊英军总部周围。其中一枚正好落在我们住的城堡拐角。这些炸弹炸死了一名法军军官和护士，炸伤数人。

第二天早上，我和德雷克上校一道离开蒙特勒伊前往布洛涅。英军在布洛涅有一个港口管理部门，负责人是孔巴少校，战前是剑桥大学的一名教师。我们检查了他们部门的情报工作。丹西（Dansey）上校于下午 5 点抵达，并与德雷克和我回到蒙特勒伊。美国向德国宣战后，英国向华盛顿派遣了一个使团，丹西上校就是这个使团中的情报官员。而我在 1949 年 4 月 8 日的备忘录[1]中提到了他。在建立战争学院军事情报司的过程中，丹西上校和我合作密切。他当时在英国战争部下属情报部门一个小组里工作。这个小组负责分析和总结各种情报报告，并向上级提出行动建议。小组里有一个英国海军军官，他有关海军事务的建议最有价值。

次日，丹西、德雷克、英国情报部门的孟席斯（Menzies）上校和我讨论了英美情报部门在战后开展合作的可能性。然后，我乘汽车前往布洛涅。前面说过，英国人在那里有一个很有效率的港口管理部门。布洛涅和英国港口之间交通管制之严，从以下这件事里就可见一斑。我需要获得授权令，允许我通过海运和铁路前往伦敦。我的授权令上需要盖有美国在港口登陆官员（debarkation officer）的印章，而且这个官员还要给我签发一张允许我登陆的卡片。

我坐船从 3 点 15 分自布洛涅启程，于 4 点 30 分抵达福克斯通（Folkestone），然后乘汽车前往伦敦。第二天，我前往美国驻外武官斯蒂芬・L. H.

1　即本书的备忘录（一）。

斯洛康姆（L. H. Slocum）上校办公室，见到了驻外助理武官卡亭（Cutting）上尉和马斯登（Marsden）上尉。我也拜访了当时指挥美国驻英部队的约翰·比德尔将军。当晚，我会见了后勤部反情报官员特纳（Turner）上校，并讨论了有关护照管理的问题。本书后面的"附录十"就是一封写给利兰·哈里森的信，讨论的是护照管理问题。信中准确描述了护照管理情况，并且提了一些解决办法。

按照之前的安排，我在 8 月 27 日前往军情五处，M. M. 霍尔坎（M. M. Halcane）上校带我参观了办公室。军情五处是英国情报部门中负责反情报工作的部门。

次日，我前往丽兹酒店会见海军部次长富兰克林·德拉诺·罗斯福，和他一起去了海军办公室。罗斯福及随从在当晚参观英国主力舰队。

我回到驻外武官办公室，收到了在华盛顿的丘吉尔将军的一封信。信中说，军事情报司重新变成总参谋部第二司（军事情报司）。丘吉尔署名的一份备忘录副本附在了本书后面的"附录二"和"附录三"，描述了当时军事情报司的工作情况。

当天晚些时候，我前往军情九处，它是负责邮件审查的部门。英国情报部门的 G. S. H. 皮尔森（G. S. H. Pearson）上校，向我介绍了这一组织及其运作情况。我也见到了副审查官 F. V. 沃辛顿先生（Mr. F. V. Worthington），他带我参观了隐形墨水局。读者应当记得，我在第一篇备忘录中提到过，我就是在这里碰到了来自哈佛大学实验室的年轻官员。他当初尝试分析我们从华盛顿的情报部门寄来的隐形墨水。

8 月 30 日，我和一位史密斯（Smith）先生——不过，我记不得他的具体名字了——进行了一次有趣的谈话。他曾是战争贸易委员会的一名代表，不久前才见过西班牙国王阿方索[1]。同一天，我们的密码与解码部门负责人赫伯特·雅德利上尉也来了。他是我们情报官员中被派往欧洲的一员。派他们过来是让他们有机会亲眼看看前线情况。

8 月 31 日，我参加了海军俱乐部的午餐聚会。在场的有英国军事情报

1　阿方索十三世（Alfonso XIII，1886—1941），西班牙波旁王朝国王（1886—1931），因西班牙内战而退位逃亡。

负责人 G. M. W. 麦克唐纳[1]（G. M. W. Macdonogh）少将、法国驻海牙武官博坎维尔（Bocanveil）将军、C. E. 丹西上校、英国皇家海军曼斯菲尔德·卡明[2]（Mansfield Cummings）上校（他和丹西在同一个部门）、英国远征军军事情报官员德雷克上校、英国驻荷兰武官、两名比利时情报官员、来自巴黎的法国第二局瓦尔纳上校。吃完饭后，我们为促进协约国情报机构在荷兰的合作，到俱乐部的吸烟室开了一次会。

会议一致认为，英法美比驻外武官应当在荷兰成立一个委员会，以极其坦诚的合作态度雇用间谍，促进合作而非助长竞争。一旦有一方发现某间谍不可靠或无用，各方都不得再使用这个间谍。此外，各方还要在伦敦成立一个委员会。一切有关政策的问题、荷兰委员会无法处理的问题都要咨询这个委员会。上述国家的情报部门各出一个代表组成伦敦委员会。

9 月 2 日下午，我前往军情五处，和斯宾塞少校就港口管理、护照管理问题进行了一番长谈。次日，我见到了雅德利，并把他送到了 C. N. 法朗奇（C. N. French）上校的办公室。法朗奇是英国情报部门军情一处秘书处负责人。我随后买了前往荷兰的票，回到我们驻外武官办公室，给丘吉尔将军就港口管理问题写了一封长信。前面提到过，美国当时并没有港口管理部门，首要之事就是建立一个港口管理部门。这封信讨论了建立港口管理部门在当时的重要性，所显示的情况很有意思。因此，我将这封信附在本书后面的“附录四”。

写完这封信后，斯洛康姆上校把我带到了贝尔蒙特（Belmont）附近的一个德军战俘医院。一群情报官员在那里审问德军战俘。这群情报官员中，既有英国官员，又有美国官员，负责人是休伊特（Hewitt）上校。

9 月 4 日上午，我见到了前一天从阿肯奇（Archangel）赶来的里格斯（Riggs）少校，和他谈论了他所知道的俄国局势。我随后与法朗奇上校一道吃午饭，讨论双方感兴趣的情报事务。

第二天，我给丘吉尔将军写了另外一封信，关于情报官员使用飞机或船只的情况。这封信的有趣之处在于展现了当时的状况，因而附在本书后

1　时任英国陆军情报局局长（Director of Military Intelligence）。

2　参见［英］艾伦·贾德：《英国情报之父卡明爵士》，小毛线译，金城出版社，2020 年。

面的“附录五”。

9 月 6 日，国务院的罗伯特·布利斯先生自巴黎抵达伦敦。当天上午，我收到了诺兰将军的信息，告诉我布利斯来了，让我联系布利斯。我和布利斯先生就双方感兴趣的话题进行了充分讨论。

也是在这一天，英国情报部门通过电话通知我，次日准时前往坎农街火车站（Cannon Street Station）乘坐早晨 6 点 15 分的火车。当然，这是之前就已经做好的安排。英国人极其谨慎地保密从英国开往荷兰的轮船发船时间。一旦轮船离开荷兰，所有驻扎在英国东南沿岸的海军舰船都要前往北海，阵列达数英里长，并一直在此戒备，直到这艘船抵达荷兰角[1]。英国情报部门在格雷夫森德（Gravesend）有个效率很高的港口管理部门。格雷夫森德是英国东南部一个港口，驶往荷兰的轮船都要从这里出发。设置这个港口管理部门很有必要，因为这是英国和荷兰在战争期间唯一的直接交通方式。我抵达坎农街火车站时，碰到了一个身穿便衣的男子。他做了自我介绍，告诉我，他会带我去火车上我所在的隔间。当我们进入隔间之时，他也坐了下来，说他也要去荷兰。直到从荷兰回来，我才发现是英国情报部门派他和我随行，他的任务是确保我安全抵达荷兰。英国情报部门之所以这么做，其中一个原因是确保不会让任何本可以避免的意外干扰之前荷兰情报会议的决策生效。美国远征军总部 G-2 部门命令我一到海牙，就把这次会议结果告诉各方。

我们早晨 6 点 15 分离开坎农街火车站，7 点 30 分到达格雷夫森德站。我在此见到了这个港口管理部门负责人史密斯上尉。他带我参观了这个控制部门，解释他们是如何检查乘客和货物的。我们登上了船，于下午 1 点左右出发。我们在船上被要求必须穿戴整齐，还要穿上救生衣。我们在次日下午 2 点抵达荷兰角。

陪同我的那个英国情报部门人员，打电话给美国驻荷兰公使馆。公使馆派了一辆车来接我。我们乘车前往海牙，到了我们驻海牙武官戴维斯上校的办公室。他们给我在瑙伊多伦（Neudoylen）酒店订了一个房间。戴维斯在酒店和我们吃了晚饭，然后谈论情报工作的整体情况。

9 月 10 日晚上，我参加了英国流亡者举行的招待会。他们要么是从敌

1　荷兰角（The Hook），位于鹿特丹以西。

国领土逃亡过来的，要么是飞机被迫降落到荷兰领土的。他们人数不少，住在史里伦格斯（Schrirengus）村。

9 月 11 日，戴维斯上校、驻外助理武官沃尔多（Waldo）上尉和我一道乘车前往鹿特丹，拜访我们的总领事“上校”里斯托克（“Col” Listoc）。我和他讨论了有关我们在荷兰情报工作的各项事务。晚上，公使馆的恩格尔特（Engert）先生、波斯公使馆代办（Charge D’affaire）米尔扎[1]·马哈茂德·汗（Mirza Mahmud Khan）和我一起吃晚饭。我从谈话中得知了许多关于波斯的事情，当然那里现在叫伊朗[2]。

9 月 13 日，我拜访法国驻外武官博坎维尔将军，和他讨论了伦敦会议的决定。我和他都参加了这次会议。

9 月 14 日，我见到了公使馆负责护照工作的官员，进行了谈话。他的工作效率很高，但我觉得他可以就工作与驻外武官办公室进行更密切的合作。

9 月 16 日，我和恩格尔特就东方局势尤其是波斯局势进行了交谈。恩格尔特对此了解很多。

9 月 17 日，我同沃尔多上尉乘火车前往阿姆斯特丹，去了我们的领事馆，并讨论与之相关事务，并在当晚回到海牙。

9 月 18 日，有人通知我，我必须今晚登上回英国的船。我向驻外武官办公室的官员们、公使馆的成员们道了别，然后乘火车前往荷兰角。

了解海牙的情况后，我发现许多混乱来自美国远征军总部 G-2 部门的指令。这一混乱很容易得到解决，工作很快就运转起来了。驻外武官办公室里有一两个很有能力的间谍，往返于荷兰和德国之间开展工作。他们提供的信息好几次展现了巨大的价值。我们向驻外武官和公使馆的国务院官员解释了伦敦会议达成的决议，得到了对方的完全接受和执行。驻外武官办公室与公使馆办公室合作完美，并一直保持到了战后。侨居在史里伦格斯的英国流亡者，也提供了许多有价值的信息。

次日，强风袭来，迫使轮船滞留码头整整两天。9 月 21 日上午，风终于停了下来，轮船启航。天气寒冷，令人难受。我们在夜里晚些时候停在

1　米尔扎（Mirza）是波斯语中冠在姓名之前的敬称。

2　1935 年，波斯（Persia）改称为伊朗（Iran）。

了泰晤士河口，并在第二天凌晨抵达格雷夫森德。一艘摆渡船将我们送到了岸上。

上岸之时，我发现港口管理部门负责人、英国情报部门的史密斯上尉生病了，他的副手负责和我接洽，让我有机会参观乘客如何接受检查。检查乘客工作漫长又仔细，并多次发现企图获取情报乃至间谍尝试上岸。检查站发现一个疑似间谍的背后用隐性墨水写的信息。我那艘船上有六名妇女，三名是回国的英国护士，另外三名是被遣返回国的英国人。其中，一名妇女被发现是德国人。我不知道她的结局是什么。

我乘火车返回伦敦。没过多久，我们驻丹麦和挪威的武官索尔伯特（Solbert）上校来访。次日，在美国驻外武官办公室——我在那里有张办公桌，我和索尔伯特上校、罗伯特・W. 格莱特（Robert W. Goelet）进行了谈话。这时，来自第比利斯（Tiflis）的杜立特尔（Doolittle）进来，我们又聊了波斯和俄国的情况。

次日，雅德利上尉与我讨论了驻外武官办公室的密码与解码工作。办公室的一名秘书遭到许多人的怀疑。下午，我拜见了英国陆军作战办公室军事行动局第五处[1]——负责远东和俄国事务——负责人 R. A. 斯蒂尔（R. A. Steel）上校。索尔伯特上校和我一道，与斯蒂尔上校讨论俄国局势，以及如何让捷克人可以利用西伯利亚大铁路。英国人希望日本能够打到贝加尔湖西边，从而与捷克人会合。[2] 我随即发了一封关于此事的电报。

9 月 25 日，我应约会见了法朗奇上校，并和他一起去见英国军事情报新任负责人斯维茨（Thwaites）将军。他接替被任命为英国陆军副官长的麦克唐纳将军。

我在这篇备忘录中迄今还没有提到人们对我的热情招待，而我仅仅是美国远征军总部 G-2 部门的一名代表。我们在法国、英国、瑞士和荷兰外交与领事代表邀请我多次共进午餐和晚餐。英法两国情报部门也对我热情相待。尤其值得一提的是，英国情报部门代表和成员自始至终极其热情、愿意提供配合。尽管这些热情招待与我的使命无关，但我觉得有必要记录

1　英国陆军作战办公室军事行动局第五处（MO5），是英国国家安全局［Security Service，简称 SS，别称“军情五处”（MI5）］的前身。——编注

2　这时的历史背景是俄国十月革命后，包括英国、美国、日本、捷克在内的国家入侵俄国，试图扼杀新兴的苏维埃政权。

下来，它显示了美国远征军总部 G-2 部门有幸遇到了怎样优秀的合作伙伴。

9 月 26 日，我和特纳上校就护照管理问题进行了讨论。下午，我和大使馆的贝尔（Bell）先生又讨论了类似的话题。第二天的晚饭，是我和索尔伯特上校一起吃的。然后，我们一起去开会，参加会议的有斯维茨将军、法朗奇上校、丹西上校、康沃尔（Cornwall）上校和英国驻哥本哈根武官。我们在会上讨论了许多双方感兴趣的话题，尤其是政策问题，以及两个机构在战后继续合作的可能性。

第二天，我在丹西上校办公室和他讨论了英美两国共同感兴趣的情报事务，随后前往我们在伦敦总领事的办公室，和他讨论了护照管理问题。下午，伯恩施塔特（Bernstadt）教授来访，讨论通过信号途径将信息从敌方领土内传出来。下午晚些时候，有人通知我，战争部长贝克尔想在伦敦的下榻处见我。我前去和他进行了半个小时的谈话。他让我几天后和他一起回巴黎。

9 月 30 日，伯恩施塔特教授再次来访，我们讨论了从敌方领土发出信号的问题后，我让他去找英国情报部门的丹西上校。正如 1949 年 4 月 8 日的备忘录[1]所述，一战期间，美国情报部门没有向敌方领土派过几个间谍。而派这少数几个间谍还是英法两国情报机构请求下的结果。因此，尽管确保协约国间谍安全进出敌方领土、转发间谍所获得的情报对我们而言至关重要，但是为间谍进出敌方领土提供方式不是我们的责任。众所周知，英法两国的许多间谍在试图离开敌方领土时失败了，要么是被边防士兵射杀，要么是在遍布西线的通电铁丝网上被抓住。读者应当记得，一战直到最后都是一场阵地战和壕沟战，而不是运动战。这让派遣间谍、确保他们平安归来更加困难。当然，间谍有很多手段渗透进去。在有些事例中，承担秘密任务的间谍要在敌国潜伏多年，宣战后也要待在那里。然而，我们也有必要派出更多经过训练的间谍，但穿过敌方阵地并不容易。有些人穿上了协约国军装，参加一场进攻或战壕突击队；有些人在夜晚被空投；其他人则通过中立国进入敌方领土。这让他们回国更加艰难。除了那些在战争早些时候被我们飞机接回来的间谍，其他人都要自己想办法回国。

将这些间谍搜集的情报通过敌方领土传回国内同样棘手。人们尝试了

1 即本书的备忘录（一）。

各种办法。英国情报部门负责人斯维茨将军告诉我，英国情报部门采用的最成功的办法就是用信鸽传递情报。他说，在投送进入敌方领土的信鸽中，85% 都能带着信息回来。把这些信鸽带给我们间谍的通常办法是在特定日期晚上的间谍居住地上空，通过飞机空投带有降落伞的柳条鸟笼。间谍当然需要在天亮前找到这些信鸽，销毁降落伞和鸟笼，在信鸽身上绑好信息并放飞，因为一旦间谍身上被搜出信鸽或鸟笼，就等同于被判处死刑。将关键情报从敌国迅速传输到我方的问题如此重要，以至于大西洋两岸的知名科学家都在研究这一问题，并在战争最后几个月找到了方法。不过，我不知道该研究在战后是否继续进行。

在和伯恩施塔特教授谈话后，我前往苏格兰场[1]，进行礼节性拜访。

10 月 1 日，我与我们大使馆的贝尔先生谈话，这一次聊的是英国的“黑名单”（Black List），讨论将几家英国企业从“黑名单”中移除的问题。

10 月 2 日，我在维多利亚火车站见到了战争部长贝克尔，和他及其随从一起前往南安普顿，并于上午 10 点乘船前往布洛涅。在我们离开伦敦后，丹西上校经部长邀请，也赶了过来。哈博德（Harbord）将军的火车在布洛涅等着部长。我们一道上了火车前往巴黎。我们到达巴黎时，见到了沃伯顿少校和穆恩中尉，随后前往沃伯顿的营地。

第二天上午，瓦尔特・李普曼（Walter Lippman）上尉来到驻外武官办公室，和我谈论了有关宣传的问题。刚刚从伦敦抵达巴黎的雅德利上尉，后来也过来了。沃斯卡上尉也来了，讲述了他最近去瑞士和意大利的情况。

10 月 5 日，瓦尔特・李普曼告诉我，他在去美国前见到了贝克尔部长，而我要和美国远征军总参谋长麦克安德鲁将军一道负责宣传事务。

丹西上校以及来自贝尔格莱德（Belgrade）的英国军方管理官员来了。午饭后，我们讨论了与保加利亚和瑞士局势有关的情报工作。丹西当晚回到伦敦。下午晚些时候，斯蒂克尼上校前来讨论邮件审查工作。

10 月 7 日、8 日，坎帕诺尔少校和我视察了第二局的数个部门，其中包括瓦尔纳上校领导的反情报部门。我之前提到过瓦尔纳上校。我们拜见了第二局负责人古尔根上校。

10 月 9 日，坎帕诺尔和我应约前往法国情报部门。他们忙于训练未来

1　苏格兰场（Scotland Yard）位于伦敦，是伦敦警察厅所在地。

即将进入敌方领土的间谍。法国情报部门在巴黎荣军院[1]里的一些房间内办公，里面还有一个学校，有两位来自索邦的老教授。这些房间里放有同盟国军队的各种制服和标志，以及敌方飞机、火车的图像和照片，还有对铁路能够运送的人员物资数目的估计。房间里还有许多其他东西，为了加深接受训练的未来间谍的印象。他们还要教授未来间谍在敌方领土保全情报的各种方法。

下午，坎帕诺尔和我回到巴黎荣军院，穿过了一些摆有各种物品的房间。这些物品也许可以帮助协约国战俘越狱，包括地图、文件、钢锯条等。它们都能够被藏在食物或其他包裹中，从我方寄到战俘手中。

10 月 11 日，我、坎帕诺尔少校和拉尔夫·海斯（Ralph Hays）中尉回到肖蒙。在战争第一阶段，海斯中尉是战争部长贝克尔的私人秘书。我们于下午 6 点抵达肖蒙。吃完晚饭后，我前往 G-2 部门办公室，碰见了考克斯上校。他不久前才从华盛顿过来，还没有在美国远征军总部 G-2 部门开展工作。

10 月 13 日，诺兰上校从前线回来了。他之前指挥着一支战斗部队。他大概在午夜时分回来，我们一直聊到第二天早饭时候。没办法，他于 10 月 14 日中午就要回前线了。

10 月 14 日晚上，奥格登·米尔斯（Ogden Mills）上尉向总部报到。米尔斯随后被指派为我作为和平委员会美方情报官员的副手。读者应当记得，战后，他接任梅隆[2]担任财政部长。

10 月 16 日，康格上校从前线回到肖蒙。他之前在指挥部队作战。康格和诺兰都是总参谋部成员，一般不需要指挥部队。然而，潘兴将军希望他手下的所有高级参谋军官都有指挥部队作战的亲身经历，因而这两个情报官员要在前线指挥作战。

10 月 18 日，我得知诺兰安排考克斯和我去前线。我在当晚和瓦格斯塔夫（Wagstaff）将军、斯维茨将军、康沃尔少校一起吃晚饭，他们都是英国人。几年后，在驻印英军的邀请下，我被派往印度执行情报工作，那

1 巴黎荣军院（Invalides），是路易十四时期安置伤残军人的建筑物。拿破仑、沃邦、福煦墓地均在这里。

2 安德鲁·梅隆（Andrew W. Mellon，1855—1937），美国金融家、慈善家、财政部长（1921—1932）。米尔斯于 1932 至 1933 年担任财政部长。

时的我又和瓦格斯塔夫将军有了些来往。

第二天，斯维茨将军前来 G-2 部门。我带他看了看他十分想看的战场地图，随后又带他去了他想参观的莫雷诺上校的反情报部门。

10 月 21 日，我们收到了德国人对我方和谈要求的回复。看上去德国人愿意进行和平协商。我向军需部申请了一辆汽车，以便带考克斯和我前往前线。但是，军需部告诉我们，目前没有多余的车，但很快就会有。

去往前线前，诺兰告诉我，我如果收到一封让我回肖蒙的电报，那么不要惊讶。因为潘兴将军告诉他，一旦他被派往一个旅，就会让我接替他在 G-2 部门的职务。我随后收到了潘兴将军的一则私人便条，说他在 10 月推荐我晋升为准将，但既然此时已经停战，晋升的推荐就没有办法进行下去了。这当然是为我接替诺兰在 G-2 部门的职务做准备。这封信附在本书后面的“附录六”。

10 月 23 日，我在考克斯上校陪同下，上午 10 点离开肖蒙，经巴勒杜克前往第一军团总部，与助理陆军情报官员卡特伦（Catron）少校讨论了第一军团情报工作。随后，我们前往位于谢皮（Cheppy）的第五军总部。第五军的军官们住在德国人之前挖的地下掩体中。这些掩体的出口本来不利于进出，于是我军做了一点改进，让它们能够经受火炮与轻型炸弹攻击。我们到谢皮的时候，德国防空炮火开始轰击，击落了我们两个观测气球。第五军情报官员是拉塞尔上校、指挥官是萨默罗尔（Summerall）将军。我们在当晚遭遇了相当激烈的飞机轰炸。第二天早上，我们发现，就在我们休息的掩体正上方，卡着一枚哑弹。

第二天上午，考克斯、拉塞尔和我前往第四十二师总部，我和师情报官员朱达（Judah）少校进行了谈话。我们随后和朱达少校一起前往艾克赛尔蒙（Exermont），登上 272 山坡。我们在这座山上有三个观察点、一个军和两个师。我们头上有大量飞机飞过，而我们的前线则密布火炮。我们参观了前线德拉沃（Dravo）上校指挥的一个团，和他的情报官员谈话。我们然后回到艾克赛尔蒙，坐汽车回到谢皮的第五军总部。

次日，总统对德方的回复通过电报传来了，考克斯和我将电报带到了第四十二师总部。我们和师情报官员朱达少校谈论了团级、营级战术情报工作。在和朱达谈话前，我们还和师指挥官梅诺尔（Menoher）将军进行了交谈。午饭后，我们回到谢皮。

10月26日，两位英国情报官员谢立登（Sheridan）上校和格伦（Glenn）少校来到第五军总部。格伦少校是朗格勒情报学校的一位教官。他们第二天又参观了我们的前线。我和考克斯则对载信（message-carrying）炸弹进行了实验。这些炸弹是德国人从谢皮撤出时留下来的，用来从观察点向总部、从隔绝据点向主干线传回信息。实验效果并不理想。

10月27日，一架德国飞机在第五军总部附近被击落，飞行员毫发无损。他被带往总部，接受翻译斯泽拉普卡（Szlapka）中尉的审问。

10月28日，我们主攻的时刻显然尚未到来，因而我们决定返回肖蒙，等前线通知后，我们再动身。在第五军总部的这几天里，我相当深入地考察了战术情报工作的组织和活动。他们进行得很不错。我在1949年4月8日的备忘录[1]中提过，我们的战术情报人员损失很大，尤其是营一级的情报人员。因此，我们有必要调查原因。通过调查，我们发现，营指挥官在组建战壕突击队时，几乎全都是从情报人员中选择，而突击队的伤亡很大。我们从未想到这一点。因此，美国远征军总部下发了严厉指令，要求战壕突击队中情报人员最多占两个，而且特别声明，情报人员的任务是搜集可以获得的情报，然后尽快返回我们的战线。我在这次参观中发现，第五军严格执行了命令，情报人员的伤亡大为减少。考克斯和我在回肖蒙时，路过了第一军团总部，看到了德国对威尔逊总统照会的答复。

在第一军团餐厅吃完午饭后，我们继续检查情报工作，尤其是对战俘的审问工作。在第一军团总部的监狱，我们见到了两个德国人。他们假扮成战俘，通过和同住的真正战俘谈话，为我们提供了大量情报。

当时，上级决定尝试让德军相信我们要在孚日山脉（Vosges）建立一个第三军团。在整个战争期间，孚日山脉都是无足轻重的。一个人很容易跨越这里的两方边界。双方在这里的兵力都不强。我们的情报部门觉得，如果让德国人以为我们在向这里派兵，有可能让德国人将他们的师进一步向北移动。为此，康格上校来到一个小镇上。如果要成立一个军团，那么这个小镇就是建立军团总部的合理地点。他带着一些秘书、打字员来到小镇的一家酒店。他口授着像是一则备忘录的内容，似乎第三军团总部正在

1 即本书的备忘录（一）。

从北边调动军队以占领这里的据点。他还设立了不少战地无线电台，让它们像占领军一样运作。在口授完这份备忘录后，康格将复写纸故意扔进酒店房间的垃圾桶。几天后，我们发现德国人真的向南调动了几个师。我们最后查明，他们调动了几个战斗师以防御我们部队的佯攻。

10 月 29 日，我们抵达肖蒙。考克斯和我在次日前往朗格勒，与情报课程的学员交谈。晚上，来自荷兰的罗伯特·格莱特上尉和我们讨论了护照管理事务。

10 月 31 日，我收到一封密信，称攻击将在 11 月 1 日发起。因此，考克斯和我回到了谢皮的第五军总部。在路上，我们碰到了法国陆军的布儒瓦（Bourgeois）中尉。布儒瓦曾是法国派往华盛顿的军事情报司的联络官，后来遭遇精神崩溃而在数月前回到了法国。他这时向我保证，他目前已经痊愈，将会回来工作。

11 月 1 日，诺兰将军来到第五军总部，次日前往第一军视察那里的情报工作。当天上午，考克斯送了一些地图给第二师，而我前往第五军总部的监狱，检查战俘审问工作。凌晨 3 点，同盟国投降条款的副本送到了第五军总部。同样是午夜时分，第一军团打电话告诉我们针对德国停战的协商条款。我方与奥匈帝国的停战协议在下午 3 点签字。条款对于德国人而言很苛刻，但德国看上去不得不接受。11 月 4 日，考克斯再次开着我们的汽车向第一师送来了一些地图。之所以开我们自己的车，是因为第五军的情报部门缺乏运输工具。

11 月 5 日，第五军情报官员拉塞尔上校和我前往法国第二军团以获得一些必要的地图。第五军总部在 11 月 6 日迁走，但情报部门留在了谢皮。11 月 6 日，拉塞尔和我动身前往“比利”·赖特（“Billy” Wright’s）将军的师，却发现道路不通，堵满了部队和辎重。我们当天回到了谢皮。

阿贡[1]前线显然不会有什么大型战斗了。我和考克斯决定尝试渡过默兹河（Meuse），在停战协议生效前，参观一下第二军团的工作。因此，我们在 11 月 7 日动身返回肖蒙。然而，我们的汽车抛锚了，被迫由其他车辆拖回肖蒙维修。我们发现汽车要到第二天才能修好，于是我们半路搭了

1　阿贡（Argonne），法国东北部的一块森林，位于香槟地区（Champagne）和洛林地区（Lorraine）之间。

一辆车来到巴勒谢克，等我们的车来接我们。我们于次日下午2点抵达肖蒙。我们在情报部门餐厅和弗雷德里克·帕尔默（Frederick Palmer）一起吃午饭。有人跟我们说，停战协议达成，将会在当天或次日签字。因此，我们不可能在停战前到达第二军团，因而放弃了这一计划。

在访问第一军团各部队的过程中，上到军团总部，下到各营，考克斯和我相当细致地检查了战术情报工作的运作情况。在阿贡攻势期间，我们还检查了战斗中情报工作的运作情况。我们在此之前一直没有机会做到这一点。我们将考察结果向诺兰将军做了口头汇报，也向华盛顿的丘吉尔将军做了书面汇报。

战争部副部长拉尔夫·海耶斯上尉和我们一起共进晚餐，我们于次日前往第五军。

11月9日，就在早餐后不久，我和诺兰将军、莫雷诺少校就反情报工作进行了长谈。诺兰告诉我，虽然停战协议签订后，将会至少暂时停止战火，但他还是希望我能前往罗马，处理驻外武官办公室有关的工作。11月10日，我见到了当时还是航空部队准将的“比利”·米切尔（“Billy” Mitchell）。11月11日，法军总部告诉我们，停战协议于早晨5点签署，并于上午11点生效。

我们在美国远征军总部期间，时不时收到有关俄国的一些消息。我们虽然没有得到任何确定性的情报，但是明确知道布尔什维克政府在十月革命中取得了成功。11月11日，驻伯尔尼武官戈德森发来电报，告诉我们瑞士出现了布尔什维克运动，并威胁称要在铁路工人中发起罢工，阻止运送军队。我们也得到了德国出现类似情况的情报。11月12日，一则来自布鲁塞尔的电讯告诉我们，士兵和工人委员会夺取了行政与军事领导权，红旗高高飘扬。瑞士又发来了一则电讯，称总罢工爆发，那一天没有一辆火车能开出瑞士。

11月13日，我向丘吉尔发了一则电报，有关俄国十月革命对欧洲产生的影响，附在本书后面的“附录七”。当天，有关同样主题的一封信也附在本书后面的“附录八”。

11月18日，考克斯和我乘火车于当晚抵达巴黎。考克斯前往一家酒店，而我前往沃伯顿少校的驻地。他正在等我一起吃晚饭。11月20日，我拿到了前往罗马的火车票，并和诺兰将军、考克斯将军共进午餐。期间，我们讨论了如何借赫伯特·胡佛（Herbert Hoover）的手下人员前往前同盟国提供必需食品的机会[1]获取军事情报。我们希望利用熟悉该国的情报官员陪同胡佛委员会成员的机会搜集情报。

11月21日，我开始调查法国军官中流传的一些关于潘兴将军不当行为的流言，并单独报告给了华盛顿的总参谋长佩顿·C. 马奇将军。不用说，这些流言是无稽之谈，很快就平息了。

11月22日，有人告诉我，国务卿罗伯特·兰辛（Robert Lansing）发来一封电报称："贝克尔先生向我保证，范德曼将会负责和会[2]的全部反情报工作。"因此，我前往拜见约瑟夫·格鲁[3]（Joseph Grew）先生，他被任命为和会美国代表团的行政秘书。他说，他希望我负责反情报工作。然而，我当时还要去罗马执行命令，而我原来的任务里面也有一些事情还没有处理完。我在犹豫还去不去意大利。但当我回到驻外武官办公室之时，我发现肖蒙的马格鲁德少校给我留了一封信，告诉我，华盛顿的副官长发来了一封电报，命令美国远征军指挥官让我在和会期间负责全部反情报工作，并给予我一切便利，而且要我向布利斯将军汇报工作。因此，我退了去罗马的火车票，开始为和会的新任务做准备。

1　一战期间，胡佛领导美国救济委员会工作，后文的"胡佛委员会"指的就是这个委员会。

2　巴黎和会。

3　约瑟夫·格鲁（Joseph C. Grew，1880—1965），第一次世界大战前，格鲁先后在驻墨西哥、俄国、奥匈帝国和德国的使馆工作过。1918年，他成为美国国务院西欧司负责人，代表美国参加了巴黎和会。

备忘录（三）

加利福尼亚圣迭戈

1951 年 4 月 10 日

本备忘录为了避免读者产生误解，特此重复 1949 年 4 月 8 日、1950 年 6 月 5 日备忘录的开头内容：

这篇备忘录既不是官方文件，也不是我的个人历史记录，因为它不是用来发表的。它包括几个与美国陆军军事情报工作的历史和发展有关的一些事件。在近 55 年的情报工作后，我现在将其回忆出来。本文很可能包含一些小偏差，因为除了少数日期，大部分内容都靠我的记忆，也没有笔记可以参考。写下这篇备忘录，是因为没有什么在世者与美国军事情报的早期历史有交集。由于陆军中现在很少有在世者了解美国军事情报的早期历史，我相信，那些对此感兴趣的人会愿意通过一个与相关事件关系密切的人的视角，了解军事情报的发展。[1]

不过，在写作这篇备忘录的过程中，我参考了自己在欧洲工作期间写的日记。日记里有我访问的地点、联系人姓名和相关日期，但没有详细记载当时的情况。我也参考了那段时间内我收到和发出的各种有关情报事务的信件。[2]

为了说明当时的情况，我有必要重复 1950 年 6 月 5 日备忘录的

1　这段文字即本书的“备忘录（一）”或“备忘录（二）”的开头。

2　这段文字即本书的“备忘录（二）”的开头。

以下部分：

11月22日，有人告诉我，国务卿罗伯特·兰辛发来一封电报称："贝克尔先生向我保证，范德曼将会负责和会的全部反情报工作。"因此，我前往拜见约瑟夫·格鲁先生，他被任命为和会美国代表团的行政秘书。他说，他希望我负责反情报工作。然而，我当时还要去罗马执行命令，而我原来的任务里也有一些事情还没处理完。我在犹豫还去不去意大利。但当我回到驻外武官办公室时，我发现肖蒙的马格鲁德少校给我留了一封信，告诉我，华盛顿的副官长发来了一封电报，命令美国远征军指挥官让我在和会期间负责全部反情报工作，并给予我一切便利，而且要我向布利斯将军汇报工作。因此，我退了去罗马的火车票，开始为和会的新任务做准备。[1]

R. H. 范德曼

美国陆军退役少将

1　这段文字即本书的"备忘录（二）"的结尾。

1918 年 11 月 29 日，按照华盛顿的副官长和美国远征军指挥官的命令，我向布利斯将军汇报工作，寻求下一步指令。布利斯将军要求我执行华盛顿和肖蒙总部的命令。12 月 5 日，我从布利斯将军那里获得了进一步的指令，并将其附在本书后面的“附录十一”的第三部分。

我们的驻法大使这时住进了克利翁酒店（Hotel Crillon），而协和广场（Place de la Concorde）4 号的办公楼用作和会美国代表团的驻地。我在协和广场 4 号内分配到一个办公室。这个办公室的套间有两个入口，想出门的人不会和来访的访客撞个满怀。上级还给我派了一些人，包括两个中士和一个信使，都是从后勤部 G-2 部门来的。

需要注意的是，我这时并未离开潘兴将军的参谋部。因此，我依然要检查协约国军队的情报工作并进行汇报。我通过询问各式各样的人进行调查。正如当时的习惯一样，许多谈话是在社交午宴和晚宴上进行的。除了这一任务，作为和会美国代表团的情报官员，我也开始了工作。这也必须与各式各样的人进行交谈。

11 月 30 日，我在格鲁的办公室与沃斯卡、豪斯[1]上校的秘书戈登·奥钦洛斯（Gordon Auchincloss）、约瑟夫·格鲁会面，讨论沃斯卡在奥匈帝国开展的工作。

读者应当记得，赫伯特·胡佛当时正负责为欧洲一些饱受战火蹂躏之地提供食物和救济。我们想派一些熟悉该国情况的情报人员同胡佛先生的手下前往这些地区，但胡佛先生激烈反对。不过，还是有一些情报人员参加了这些代表团，并在回来后报告了情况。

12 月 2 日，我想得到一份和会美国代表团的完整名单，但当时做不到。当天，与捷克斯洛伐克临时政府的爱德华·贝奈斯秘密会面，讨论与沃斯卡相关的事情。据说沃斯卡并不受贝奈斯博士及其政府的信任，但是博士向我保证这是无稽之谈，他对沃斯卡充分信任，但他觉得沃斯卡的教育程度不足以完成这么一项政治使命。

12 月 4 日，被指派为我副手的奥格登·米尔斯上尉向我报到。

不久前，美国特勤局局长莫兰（Moran）先生前来巴黎，为威尔逊总

1 爱德华·豪斯（Edward House，1858—1938），美国外交家，曾是威尔逊总统的顾问。豪斯上校是人们对他的昵称，虽然他从未参过军。

统后面的来访做安保准备工作。12 月 4 日，和莫兰先生、威廉・W. 哈特（William W. Hart，美国在巴黎的宪兵主任）、奥钦洛斯先生等人一起，我们检查了总统将要下榻的地方。总统将要下榻穆拉亲王宫（The palace of Prince Murat）。我们对这栋建筑的所有房间和周围环境进行了全面检查。莫兰先生对总统的安保措施十分满意。比如，电话包裹在铅皮中，一部分专门的美国电话交换机被设立在克利翁酒店的旧舞厅。交换机接线员都是严格挑选过的美国姑娘。我可以在任何时候监听电话里的任何谈话，以确保安保指令得到执行。

当天，苏格兰场负责人巴希尔・汤普森爵士（Sir Basil Thompson）致电，向我保证他将会尽可能提供帮助。

由于马克西姆饭店（Maxim' s Restaurant）的优良声誉，在巴黎的美国军方人士都下榻在那里。因此，当我们发现协和广场 4 号一间办公室里有一扇暗门可以通往马克西姆饭店的二楼时，我命令在暗门上加上挂锁，钥匙交给一个完全可靠的中士手里。

除了有关和会的工作任务，我还被任命为和会美国代表团当前外交和政治通信委员会（Committee on Current Diplomatic and Political Correspondence）成员。该委员会主席是美国国务院的 E. L. 德雷塞尔（E. L. Dresel）先生。我记不得委员会的全部名单了。但是，毫无疑问，我们可以从和会档案中查到。在我的印象里，委员会包括杜勒斯（Dulles）兄弟[1]、阿道夫・伯尔（Adolph Berle）、F. R. 多比尔（F. R. Dolbeare）、E. T. 威廉姆斯（E. T. Williams）、J. H. 斯坦普勒（J. H. Stabler）、J. G. D. 保罗（J. G. D. Paul）、罗亚尔・泰勒（Royal Tyler）少校和德兰西・昆茨（Delancey Kountze）少校。

委员会的主要职能是接收和审阅来自欧洲各地不同信使发来的信息。他们在这之前向最高战争委员会报告。委员会一般在每天上午开一次会。

12 月 6 日，我开始准备有权进入克利翁酒店和协和广场 4 号的人员通行证。

12 月 7 日，报告称，有社会主义者打算在威尔逊总统抵达时进行示威活动。在法国保安局的帮助下，我们采取手段确保这次示威活动不会干扰总统的行程。示威活动最后没有发生。

1　分别是哥哥——国务卿约翰・杜勒斯、弟弟——中情局局长艾伦・杜勒斯。

12 月 11 日，贝蒂·古列特（Bertie Goolet）上尉以及来自驻海牙武官办公室的罗斯中尉、沃尔多中尉抵达巴黎。次日，苏格兰场的巡视员恩斯特·霍尔（Ernest Hole）抵达巴黎，担任巴希尔·汤普森爵士的副手。

12 月 12 日，驻罗马武官巴基（Buckey）少校和美国驻意大利大使一道前来，我与他们讨论了意大利局势。当天，沃兹沃斯（Wadsworth）参议员来访，我和他讨论了美国的情况。

12 月 13 日，沃斯卡带着捷克斯洛伐克委员会的一封信来了，这封信让他去布拉格。当天，我检查了和会美国代表团的邮件系统。

12 月 14 日，威尔逊总统抵达巴黎。华盛顿的军事情报司负责人马尔伯罗·丘吉尔将军也搭乘同一艘船抵达。我和他进行了详尽的交谈。

当天，我在深夜进行巡视时，我发现下午 4 点以后，协和广场 4 号大楼及克利翁酒店都没有武装守卫。我在第二天发现，这些地方守卫的职责并没有被明确指派。因此，我和后勤部 G-2 部门瓦尔德上尉办公室的一位代表讨论了这件事。

12 月 16 日，我和美国国务院秘密情报部门负责人利兰·哈里森、约瑟夫·格鲁，广泛讨论了当时所谓的“积极情报”的搜集与传输工作。

12 月 17 日，我们发现，从协和广场 4 号大楼进入马克西姆饭店的暗门挂锁被打开了。因此，我们有必要再加把挂锁，并从中士手中收回钥匙。

12 月 18 日，我起草了一份解释说明，并分发给美国代表团的所有代表。我解释了采取手段保障代表安全的必要性。随后，我决定向档案室派一个安保人员。

当天，一份与上一段类似的备忘录分发给了所有与和会美国代表团有关的其他人员。

12 月 19 日，丘吉尔将军、考克斯上校（潘兴将军总部的情报官员，负责潘兴将军总部与和会的联络工作）和我一道起草了一份电报，发送给约翰·邓恩（John Dunn，在丘吉尔将军不在的时候，主持华盛顿的军事情报司的工作），讨论重组华盛顿的军事情报司的问题。

12 月 20 日，我接到了上级为和会美国代表团记者提供永久通行证的许可。这些记者包括玛格丽特·哈里森夫人（Mrs. Marguerite Harrison），她是《巴尔的摩太阳报》（*Baltimore Sun*）一名编辑的遗孀。哈里森夫人在美国人脉很广。她到达法国时前来拜访我，愿意帮助我们监视那些过去有不良记录的记者。毫无疑问，和约的档案里可以查到拥有不良记录的100个记者的名单。

12月21日，协和广场4号和克利翁酒店的通行证系统投入使用。之后的两天里，我们从各种人的嘴里听到了对通行证系统的抱怨。12月24日，美国代表团同意继续试用这一系统。

12月24日，美国海军戈尔迪（Gherdi）中校来到我的办公室，汇报他之前去过的达尔美逊[1]海岸的情况。

12月31日，谢尔曼·迈尔斯上校来访，并告诉我，他即将前往巴尔干半岛。

1919年年初，我们不断从科布伦茨[2]占领军和科隆（Cologne）英军总部的情报官员那里收到报告，称莱茵河畔的英美军队都收到传单。情报官员认为这些传单是在煽动部队哗变。我们确认这些传单是在德国境内制作的，而我从我的办公室派了一名情报员进行调查。他汇报称，这些传单是由罗伯特·米诺（Robert Minor）制作的。他是美国的一个知名共产主义者。我们要求这名情报员看看能不能在美国或英国据点碰到米诺并将其逮捕，但情报员后来报告自己未能成功。当我收到情报员的最新一份报告时，玛格丽特·哈里森前来办公室，我把报告读给她听。她自告奋勇前往德国，劝说米诺和她一起走，从而让我们在英国或美国逮捕米诺。我们同意了。她在柏林期间又发现并报告了另一起共产党人的起义。

1月3日，后来的《陆军和海军日志》的编辑和出版人约翰·奥拉夫林少校动身返美。次日，法国情报部门的布儒瓦中尉来访。战争早期，他一直负责联络工作。他后来由于精神崩溃回到法国。他拜访我时，看上去已经完全恢复了。

1月5日，约瑟夫·格鲁搬入了他在克利翁酒店的新办公室。我去找他并谈论了和会的组织工作等相关事务。

1月6日，我和我们驻法国大使馆的罗伯特·布利斯，谈论了有关克利翁酒店与协和广场4号的通行证系统的问题。

1　达尔美逊（Dalmation），位于现在的克罗地亚。

2　科布伦茨（Coblentz），位于德国。

大约在 1 月 8 日，我们收到了一份报告，称协约国计划派军进入苏俄，推翻苏俄现政权，建立一个真正的西方民主制政府。

1 月 10 日，我们驻瑞士公使 P. A. 斯托瓦尔先生前来，我们讨论了与瑞士情报工作有关的事务。

1 月 11 日，我再次尝试为协和广场 4 号的办公地争取安保人员，这次终于成功了。

1 月 17 日，戈尔迪中校来访，我们讨论了美国代表团打算派往德国的人选问题。这时，我收到了来自驻英国助理武官布朗森·卡亭（Bronson Cutting）上尉的一封信。他在信中告诉我，我之前寄给他的一封有“私人密件”标志的信被一个秘书打开了。这个秘书之前是驻英大使馆译电员。译电员声称自己只是失误，未能注意到信封上“私人密件”字样。人们过去怀疑这个译电员不可靠。这也是为什么人们觉得驻英大使馆的译电员最好来自美国。布朗森·卡亭对此事进行了调查，但没有得到明确的结果。

我也从英国情报部门的克劳德·丹西中校那里收到了一封信，他告诉我，他就要退伍了。我在回信中感谢他对美国情报部门提供的帮助，让我们能够为情报工作打下坚实的基础。

1 月 17 日，法国驻丹麦公使馆助理武官希尔（Here）上尉前来拜访，他还带来我们驻瑞典和丹麦武官索尔伯特上尉的一封信。我们谈论了希尔上尉之前在德国当战俘的有趣经历。

1 月 18 日，我和爵士威廉·威瑟曼（William Wiseman）将军、阿瑟·穆雷（Arthur Murray）上校共进午餐并谈论了布尔什维主义。他们都来自英国情报部门。

1 月 20 日，考克斯从肖蒙抵达巴黎。他告诉我，乔治·克里尔（George Creel）正游历德国。他的汽车上写着他的名字。他一直在向人们发表演讲，介绍美国接下来的对德政策。考克斯于 1 月 23 日回到美国远征军总部。

1 月 28 日，我和管理官员谈话，并确定了我们驻奥赛码头[1]情报人员的职责。

1 月 30 日、31 日，一些人被许可参与赫伯特·胡佛在波兰分发食物

1 奥赛码头（Quay d’ Orsey），这里指法国外交部。奥赛码头是巴黎第七区的一个码头，是法国外交部所在地。

的工作。

不久前，人们一直在讨论陆军军官和临时军官[1]之间的情绪问题。我就此给诺兰将军写了一封信。

和会美国代表团

巴黎协和广场 4 号

1918 年 12 月 23 日

D. E. 诺兰将军

美国远征军总部 G–2 部门

私人密件

亲爱的诺兰：

我们之前讨论过，预备役和其他临时军官对陆军正规军军官存在批评和敌对情绪。许多来源的报告告诉我，这一情绪正在快速滋生。其中的一些批评包括：

1. 正规军将自己的军官安排在伤亡不严重的职务上，而临时军官则要承受大量伤亡。

2. 当局并未安排交通方式将军队送回国，而是让人们不必要地留在大洋另一端。

3. 临时军官——尤其是在法国的——并没有得到应有的晋升。

4.（临时）军医被留在没有病人的医院，无事可做。而他们想回国从事自己的工作。

有关这些观点的讨论越来越多，甚至变得越来越激烈。很多话都当着对此一无所知的法国人的面说了出来，因而让法国人产生了许多负面印象，并反过来传递给在法国的许多美国文职人员。这对正规军的形象十分不利。

1　既包括预备役，也包括战时被临时调入军队的文职人员。

我现在也不知道该如何补救这一局面，只能把这件事报告给您，让您明白究竟发生了什么。我觉得在现有局面下，我们理应尽可能地争取陆军回国。

我不赞同对提出这些观点的人加以纪律处分。但是，也有人对总指挥官[1]不满。这种不满在合适的时候也许会被某些人用来攻击总指挥官。我认为，您作为总指挥官参谋部的一员，应当了解这一情况。

R. H. 范德曼

总参谋部上校

1 月中旬，巴黎有流言称，潘兴将军即将被免职，由来自美国的另一位军官接任。

1 月 31 日，“疯狂的比尔”威廉·多诺万上校、小西奥多·罗斯福（Theodore Roosevelt, Jr.）上校和奥格登·米尔斯在我的办公室会面，共同讨论建立一个由临时军官组成的组织，以缓解正规军和临时军官的敌对情绪。

当天，我和英国情报部门的孟席斯上校进行了一番长谈，讨论英国和美国军事情报部门在战后开展合作的可能性。孟席斯十分赞成合作，从而密切监视苏俄政府在全世界的行动。

2 月 8 日，多诺万上校和小罗斯福上校再次出现在我的办公室，继续谈论临时军官的士气以及他们和正规军军官的冲突问题。

2 月 11 日，知名女报人奈莉·布莱（Nelly Bly）出现在了巴黎，但拒绝谈话。她在整个战争期间都待在奥地利。据称，她对布尔什维克在奥地利的组织和活动非常了解。

2 月 19 日，美国海军戈尔迪中校从柏林抵达巴黎，向我详细汇报了当地情况。

许多忠诚的美国人都被苏俄的宣传迷惑了头脑。其中绝佳一例就是负责和会美国代表团机密档案以及代表团与国内联络工作的威廉·C. 布利特

---

1 潘兴将军。

（William C. Bullitt）。布利特早期和林肯·斯蒂芬斯[1]结下了友谊。1919年2月，在斯蒂芬斯的陪伴下，布利特访问俄国。他是在未经美国代表团许可的情况下出行的。回来后，他写了一份报道，呈现了一幅极其正面的景象，讲述布尔什维克政府在俄国的成就。赴俄之旅以及他的报告，迫使布利特辞职离开和会美国代表团。在3月26日收到他回到巴黎后写的报告没多久，我受命对这一报告做出批判，并提醒布利特，这一报告中包含许多没有事实支持的陈述。我的办公室起草了一封批判信，在1919年4月1日寄给了布利特，附在本书后面的“附录三”。

布利特在很长一段时间内，一直高度评价苏联及其活动。在此期间的1923年，他娶了约翰·里德[2]（John Reed）的遗孀。里德是一位知名的美国共产主义者，葬在了莫斯科克里姆林宫旁边。在担任美国首任驻苏联大使期间，布利特终于发现共产国际究竟在支持什么。

2月24日，美国的一位信使萨金迪希（Sargentisch）上尉从罗马尼亚归来。我和他一起吃了晚饭，他详细汇报了那里不容乐观的形势。

3月3日，我和英国情报部门负责人斯维茨将军共进晚餐。饭桌上的另一个人是阿拉伯的劳伦斯（Laurence of Arabia）。和往常一样，阿拉伯的劳伦斯只愿意谈论自己在战争中的经历。晚上晚些时候，我和休·吉布森进行了谈话。他刚刚从德国回来，称那边局势很不乐观。

3月10日，我和英国情报部门的德雷克上校进行了一番长谈，讨论德国、俄国和日本的局势，以及英美情报部门在战后合作的可能性。

3月11日，我们的一位信使福斯特（Foster）上尉向德雷塞尔委员会书面报告了波兰局势。

3月17日，我的副手奥格·米尔斯，以及小西奥多·罗斯福上校、威廉·多诺万上校和其他人组成的委员会会面，论证在军队回国前组建一个退役军人组织的可行性。后来，美国境内组建了退役军人组织“美国军团”。

3月18日，丘吉尔将军返回美国，继续领导军事情报司。当天，负责军事情报司密码与解码部门的雅德利上尉也从罗马返回美国。他之前被丘

1 林肯·斯蒂芬斯（Lincoln Steffens，1866—1936），美国知名记者，“扒粪运动”的主要发起者。

2 《震撼世界的十天》的作者。

吉尔将军临时派往欧洲。

3月21日，与驻哥本哈根武官索尔伯特中校谈话，一直到11点30分，德雷塞尔委员会开会讨论波罗的海国家的局势。

3月27日，亨勒丁从特里乌斯（Treves）来到巴黎。他在特里乌斯接受远征军总部领导。他说，他手下有一个情报官员，假扮成逃兵混入了柏林的布尔什维克组织，并获得了布尔什维克在德国行动的关键信息。

3月29日，宝洁公司（Proctor and Gamble Company）的普罗克特先生（Mr. Proctor）的遗孀来访。她讲述了前一年在苏俄和苏俄红十字会工作时，她的经历以及遭到的待遇。她最终设法经乌克兰逃出俄国。她在巴黎和一个上校及沙皇政权的其他军官待在一起。

4月3日，美联社的康格先生从柏林回到巴黎，证实了我们之前的消息——如果现政府倒台，那么上台的将是一个带强烈布尔什维克倾向的社会主义政府。他报告称，如果和约包含德国割让莱茵河以西领土、鲁尔煤区和但泽，那么德国政府不会签订和约。

4月10日，威廉·布利特在德雷塞尔委员会上午开会前出现了。他说，欧洲每个国家都会爆发一场革命，我们对此无能为力。

4月13日，美国远征军总部G-2部门的丹尼斯·诺兰将军和考克斯上校从肖蒙前往巴黎。他们与我讨论了后勤部G-2部门人员的复员问题。我强烈要求至少在和会结束前，保留巴黎和布列斯特的G-2部门。

豪斯上校手下的使馆参赞A. H. 弗雷泽（A. H. Frazier）先生征询我的意见，问国际联盟的军事情报工作应该如何开展。我就此提交给弗雷泽先生一份详细的备忘录，但没必要在这里复述内容。那份备忘录当然收录在和会美国代表团的档案中。4月16日，在与战争部长贝克尔会面时，部长告诉我，他本打算带我一起回国，但转念一想，他最好先回国与总参谋长讨论后再说。与此同时，我还要继续执行任务。

4月17日，我和瓦尔德上尉、罗伯特森中尉进行了谈话。4月19日，我和潘兴将军总部的A. 莫雷诺上校进行了谈话。这两场谈话都是关于后勤部G-2部门的复员问题。

4月19日，我和英国情报部门的C. E. 丹西中校进行了谈话。刚刚从德国回来的他说，德国人对布尔什维主义感到“瑟瑟发抖”。

4 月 22 日，查尔斯·梅森（Charles Mason）上校来访，汇报了他之前去往维也纳和波兰前线的情况。

4 月 28 日，潘兴将军询问我们，预计激进分子会在 5 月 1 日[1]掀起多大的波澜。

4 月 30 日，奥格登·米尔斯乘火车前往肖蒙，讨论是否要在巴黎建立一个退役军人组织，还是等到军队回到美国后再建立相关组织。

5 月 2 日，我给丘吉尔将军写了一封信，就如何建立一个登记和追踪系统，详细阐述了我的观点。这个系统登记和追踪的是曾与美国远征军和国内 G-2 部门合作过的军官和士兵。不幸的是，我们后来没有建立这样一个系统。因此，在二战期间，我们与那些曾给予军事情报工作以极大帮助的人们失去了联系。

我受命陪同红十字会的雷考夫特先生（Mr. Raycroft），他被批准巡视法国和德国的战场。我们 5 月 2 日离开巴黎，并于 5 月 11 日回到巴黎。

5 月 14 日，我们在意大利的间谍汤普森先生假扮成一个记者，向我们报告了意大利有关阜姆[2]（Fiume）的紧张局势。

5 月 15 日，在巴黎的后勤部 G-2 部门解散。最不幸的是，随着 G-2 部门解散，该部门的所有档案都被运回了美国。当英法情报部门在巴黎要求美国提供情报时，我们没有办法提供，因为这些情报卡片都保存在后勤部 G-2 部门。

5 月 17 日，曾被布尔什维克关押很长时间的威廉·特雷德维尔（William Treadwell），在德雷塞尔委员会上午的会议中出现，并讲述了自己的经历。

5 月 19 日，之前在巴尔干半岛的谢尔曼·迈尔斯上校，在德雷塞尔委员会上午的会议中汇报了巴尔干半岛的局势。

5 月 21 日，在德雷塞尔委员会上午的会议中，我们得知，由于美国代表团不赞成威廉·布利特赴俄之旅以及他随后的热情报告，布利特辞去了他在和会美国代表团的职务。在辞职信中，布利特说，他之所以辞职，是因为他不赞成给同盟国开出的和约条款。

1　国际劳动节。

2　阜姆（Fiume），现克罗地亚里耶卡（Rijeka），是亚得里亚海上的重要港口。一战时，为了换取意大利加入协约国，协约国秘密承诺意大利战后拥有阜姆的主权。然而，协约国在战后拒不承认这一密约。

与此同时，阿道夫·伯尔、G. B. 诺贝尔（G. B. Noble）、S. E. 莫里森（S. E. Morison）先生及其他人，也因为和约条款问题，辞去了在和会美国代表团中担任的职务。

5 月 31 日，奥格登·米尔斯和伯蒂·格莱特因退役而回国。

6 月 1 日，唐纳德·汤普森（Donald Thompson）来访，我们谈论了他之前去过的西伯利亚的情况。汤普森是迄今唯一被允许给斯大林拍照的美国人。

我受命陪同战争部次长克罗威尔先生（Mr. Crowell）视察战场和其他与战争有关的地方。6 月 3 日，威廉·S. 格雷福斯（William S. Graves）上校将次长希望视察的行程表发给了我。

6 月 4 日，考克斯上校从美国远征军总部回国。

6 月 5 日，我与丹西上校、汤普森先生、法国保安局的沃尔内尔（Volnaire）上校、孟席斯上校、兰姆（Lamb）少校和吉布森少校在旅行者俱乐部（Traveler' s Club）共进午餐，并讨论了情报工作。

6 月 6 日，我给丘吉尔写了一封信。这封信精准地展现了军事情报领域陆军军官的遭遇。

马尔伯罗·丘吉尔将军
军事情报司负责人
美国陆军

亲爱的丘吉尔：

昨天收到了你友善而又富有你独有直率风格的来信。我完全理解和明白你对回到炮兵部队的心情。我如果回到华盛顿总参谋部，却要做与情报工作无关的工作，那么会和你的心情一样——因为我天生只对情报工作有感觉。[1]

总参谋长希望你在原有岗位上继续工作。这样的话，情报工作就没有我的岗位了。我不认为你应该给我或任何人让位。我也不希望这

1 按照上下文推断，当时范德曼和丘吉尔的矛盾在于，丘吉尔不想离开现职位（军事情报司负责人）去炮兵部队，但范德曼希望重新担任军事情报司负责人。

样。在之前的信中，我已经十分坦率地表达了这一观点。我的立场很简单：如果总参谋长希望让我接替你，也可以。然而，前提是以上两个条件都要满足，再讨论其他的。毫无疑问，总参谋长希望看见条件满足，这样我们也无须讨论了。

从我个人意愿而言，我希望回国，并且十分愿意在任何时间和地点调到部队。如果我有的选，我希望去菲律宾服役。仅此而已。至于国际联盟的情报工作规划，我已经和好几个人讨论过了，至少我认为现在没有人觉得国际联盟有设置情报部门的必要性。

我不知道在没有情报部门的情况下，他们究竟想如何运作。我唯一确定的是，他们最后还是会设置一个情报部门。不过，现在他们充其量只是对国联的组织结构有个模糊的想法，而且看上去他们不愿意让军人掺和。我会尽可能地跟踪事态。如果他们最终决定在国联设立一个情报部门，并且如若你想让我帮你争取，那么请放心，我会尽我所能让你获得这个职位。

与此同时，我建议你和雷蒙德·福斯迪克（Raymond Fosdick）保持联系。战争部长会告诉你福斯迪克的联系方式的。现在我还想告诉你一两件其他事情。

昨天，我和丹西上校、孟席斯上校、吉布森少校、兰姆少校（以上都来自英国军事情报部门），来自苏格兰场兼英国政府新设置的政治情报部门负责人汤普森先生，以及法国第二局沃尔内尔上校一起吃了一顿有意思的午饭。我们谈论情报工作，尤其是布尔什维主义。孟席斯上校跟我说，他有一个很亲热的朋友叫华莱士，即将作为驻外助理武官前往华盛顿。孟席斯上校大力称赞华盛顿。我希望你能够见见他，看看能帮上什么忙。

我想你当然认识威廉·布利特，也知道他从和会代表团辞职了。布利特现在人在伦敦，并和当地社会主义分子来往。我一直在密切监视着他，时不时会通知你，他在干什么。恐怕他后面会变成一个危险人物。我个人很喜欢布利特，但他太激进了，而且在欧洲期间变得更加激进。他也是一个失意而又“不快”的一个人。这种人如果很聪明，那么总有可能会变得危险起来。布利特就是这种人。

现在话题转到后勤部G–2部门手里的“嫌疑人卡片”。正如考克斯会告诉你的那样，我强烈建议把这些档案留在驻巴黎武官手里。这些档案包含着我们已知在巴黎的所有“不良分子”名单——美国人和外国人都有。这些档案仅此一份。我们无时无刻都需要了解这些档案包含的某些人的信息。可是，这些档案非但没有交给驻巴黎武官，反而运回了军事情报司。现在它正在运输中，我们根本拿不到。这就意味着，无论是军方，还是和会，甚至是护照管理局，都没办法核查这些“不良分子”。当英国人和法国人要求我们提供一些“害群之马”的情报时，我们只能跟他们说“没档案”，这真是既危险又丢脸。我还没和诺兰谈过这件事，但考克斯告诉我，诺兰反对将这些档案交给驻巴黎武官，因为他觉得这样做，这些档案就不再是机密。恕我直言，这不是让情报部门陷入当前窘境的正当理由。驻巴黎武官手里现有的唯一档案来自波尔多的管理部门，而且它只包括常规的嫌疑人卡片，并不包括和在法国的美国人有关的特殊情报。后者对欧洲情报部门和护照管理局而言至关重要。这些档案还在运输中被“搞乱了”，现在要花至少两个星期整理以供使用。你可以想象，这引起了我们多大的不满。我个人认为，巴黎的、G–2部门的乃至后勤部的档案，都应该交给驻巴黎武官。当然，武官也要小心谨慎，确保这些档案保持机密。除了他办公室的授权官员，谁也不得接触这些档案。当然，这只是我个人的想法了，决定权还在你手上。我刚刚收到你关于波兰犹太人大屠杀的电报。事实上，波兰并未发生犹太人大屠杀。前一段时间，明斯克（Minsk）有32个犹太人被杀害，但后来发现他们不是因为犹太人的身份，而是由于参与一个布尔什维克密谋而被杀害。波兰政府明白，犹太人正试图营造这么一个气氛——波兰人在迫害犹太人。波兰政府对此给出了十分严厉的指令。波兰内部有一群犹太人，在美国一些犹太人和法国不少犹太人的帮助下，试图制造波兰人在屠杀犹太人的印象。

有明确证据显示，德国人也掺和了这件事。美国报纸上出现了许多来自哥本哈根的报道，但这些都是假新闻。我们驻波兰公使休·吉布森已经接到命令，详细调查此事，你后面会在国务院档案中看到他的报告。

我希望这则长信不会让你读到心累。

R. H. 范德曼
总参谋部上校

6月9日，我陪同战争部长及其随从巡视比利时和法国的战场，以及其他值得注意的地方，并于6月13日回到巴黎。

按照计划，一旦玛格丽特·哈里森成功劝说罗伯特·米诺现身我们在科布伦茨的据点，我们就会立刻逮捕他，而军事法庭将会因试图在军队中煽动哗变而对米诺判刑。因此，依然在德国的玛格丽特·哈里森，将向我们在科布伦茨的军事情报官员汇报米诺何时现身。当奥格登·米尔斯退役回国之时，一个年轻上尉被任命为我的副手。我不在巴黎的这段时间，由于我对这个上尉的背景和他工作的审慎程度一无所知，而且米诺这件事迟迟没有动静，所以我决定暂时不告诉上尉逮捕罗伯特·米诺的计划。正在此时，玛格丽特·哈里森告诉我们在科布伦茨的情报官员，米诺即将现身。按照计划，这个情报官员立刻通知了我在巴黎的办公室。

这则信息交到了我的助理手里。如前所述，我没有告诉他有关罗伯特·米诺的计划。他显然不知道如何是好，于是通知了我们在巴黎的大使馆，大使馆要求立刻把米诺交给他们。等我6月14日回到巴黎后，林肯·斯蒂芬斯出现在克利翁酒店我的住处，坚持要求我告诉他两个自由派陆军军官的名字。我问他理由，他说这是为给罗伯特·米诺辩护。我表示拒绝，他最终离开了。我永远也不明白他如何通过克利翁酒店的守卫跑进我的住处。由于以上原因，罗伯特·米诺从未接受审判，并被遣返回美国。

6月19日，在德雷塞尔委员会上午的会议召开前，德维诺（Devenaux）少校现身了。他汇报了他刚刚前往的爱沙尼亚局势。

6月25日，美国国务院的菲利普·佩辰（Philip Patchen）来访，他来咨询这么一件事：一封放在威廉·布利特在巴黎的保险箱里的信被偷了，后来这封信出现在了芝加哥。这个保险箱里有和会美国代表团的所有机密档案及与华盛顿的通信。

6月27日，在德雷塞尔委员会上午的会议中，我们海军的布莱恩特（Bryant）中校汇报了他在土耳其和亚美尼亚的见闻。

6月28日，德国人在和约上签字。次日，战争部次长康沃尔离开巴黎。

7月1日，来自华盛顿的一则电报，通知我前往伦敦，陪同斯金纳（Skinner）总领事参加一个由协约国代表参加的有关战后护照工作的会议。

利兰·哈里森当天来访，讨论据称从威廉·布利特保险箱里偷出来的那封信，前面提到过这件事。

7月5日，我和《芝加哥每日新闻》记者安东尼·萨诺斯基（Anthony Czarnocki）就波兰的犹太人问题进行了一番长谈。

7月7日，和会美国代表团讨论该采取什么手段镇压匈牙利库恩·贝拉（Bela Kun）领导的布尔什维克政府[1]。

7月8日，在德雷塞尔委员会上午的会议前，与美国驻阿肯齐领事普尔（Poole）先生讨论俄国局势。

7月9日，玛格丽特·哈里森从德国返回美国。她还提供了一份很有趣的报告，有关她所看到的在德国的布尔什维克起义。

7月14日，得知潘兴将军及其参谋将前往伦敦后，我和潘兴将军的总参谋长哈博德将军约好陪他们一起去英国。我在当晚出发，7月15日抵达布洛涅。随后，我们乘坐英国一艘快速驱逐舰前往英国。我在下午参加了英国内政部有关护照管理的会议。总领事斯金纳并不在场，但布洛伊（Broy）领事、惠尔普利（Whelpley）先生和我代表美国出席。约翰·培德（John Pedder）将军主持会议。会上没有意大利人或法国人出席，只有四个比利时人和包括斯宾塞少校、科尔（Kell）上校、孟席斯上校、卡明上校和汤普森先生在内的几个英国人。

英国人提议无限期继续使用现有的护照管理系统以及获得签证的条件。这当然是为了保证监控不良分子——尤其是具有激进倾向的人——的出行。为了将对协约国公民造成的不便减少到最小程度，英国提议建立一个包含英国、法国、比利时、意大利和美国在内的区域。这个区域里的护

1　1919年3月，在库恩·贝拉（此处尊重匈牙利姓前名后的习惯）领导下，匈牙利共产党和社会民主党夺取政权，建立了无产阶级专政国家匈牙利苏维埃共和国，库恩担任外交人民委员。在国内外反动派的联合绞杀下，革命于8月失败。

照只需要获得一次签证。换言之，在护照有效期内，一个人只需要向该区域每个国家各自申请一次签证就行。

事实上，这就意味着护照相当于国家给个人开的一个证明，证明此人一切正常，而签证就相当于该国同意签发护照的国家对此人的判断。这个主意倒是不错。但是，为了保障系统有效，就必须有一个管理系统，不仅港口要有，而且每个国家的陆地边境沿线也要有。这一管理系统需要大量人力和物力，尤其是对于那些拥有漫长边境线的国家而言更是如此——比如美国。如果管理系统不能做到有效，那么整个计划无法执行，因为我们想抓住的人可以轻易逃脱，而我们只会烦扰激怒无辜的人。

对于美国而言，一旦总统宣布美国进入和平状态，获得签证的条件随之失效。要想执行英国人的提议，就需要立法和获得一笔特别拨款。当惠尔普利先生向会议说明这一情况时，与会者对美国发挥作用不抱希望了。

7 月 16 日，我和陆军情报局副局长巴托洛缪（Bartholemew）将军在英国战争部，与英国情报部门科里邦（Cribbon）上校、兰普科（Lampke）少校，讨论了英美军事情报部门在战后开展合作的可能性。

7 月 18 日，我参加了伦敦市政厅举办的潘兴将军接风午宴。在当天晚些时候，雷蒙德·福斯迪克来访，我们讨论了国际联盟的情报系统问题。

7 月 22 日，我回到巴黎。次日，我的办公室从协和广场 4 号搬到克利翁酒店的一个套房。

7 月 26 日，我得到了一份来自一个英国人的报告，他熟悉欧洲最大的金属交易商。战争期间，他是英国情报部门的一个官员。他说，春天时，日本在英国出售了一大批铜，现在又以高价回收，并且以市场价收购更多的铜。日本人还在澳大利亚购买土地。此外，他们还采购了大量的水银和锑（antimony）。我将这一情报用电报汇报给了丘吉尔，后来还写了一封详细的信。

7 月 25 日，我觉得最好开始准备一张地图，包含当时进行的大大小小的各种战事。我知道这不是我的工作，但没人做这件值得去做的事。

当天，我向华盛顿的军事情报司详细汇报了在伦敦召开的护照工作会议。报告全文可以在军事情报司档案中找到。档案中还可以找到我在 7 月 29 日写给丘吉尔的一封信，关于和会中的布利特和激进团体。8 月 2 日，我被命令返回美国，并向总参谋长汇报工作。

8 月 4 日，我向格鲁先生写了最后一份报告，总结了我的办公室的工作情况，附在本书后面的“附录十一”。8 月 6 日，我向他写了一份备忘录，有关我回到美国后，克利翁酒店应当继续执行安保工作。8 月 12 日，我离开了巴黎。8 月 14 日，我在布列斯特乘坐“弗里德里希·威廉亲王”号返回美国。

下　部

背　景

范德曼提交给战争学院院长的备忘录（一）

——总参谋部战争学院军事信息工作情况

（1916 年 3 月 2 日）

战争部

总参谋长办公室

战争学院

1. 遵照您的口头指令，我检查了战争学院军事信息工作的情况并在此提交我的报告。尽管您并未要求我考察造成当前状况的原因，也没要求我给出补救方案。但作为总参谋部的一员，我觉得我有义务考察原因并给出补救方案。

2. 总参谋部组建时，一个设施齐全、组织有序的军事信息司，连同其所有物资、人员和档案，被整体并入总参谋部。这对于总参谋部而言，也许是一件不幸的事。军事信息司此前完成了大量的信息工作，拥有许多错综复杂的信息源和组织架构，一直在井井有条地运作中。但是，总参谋部并未意识到军事信息工作和组织的必要性。它如果没有合并军事信息司、没有使用旧的军事信息司 17 年劳作和思考的成果，那么才会意识到军事信息工作和组织的必要性。它本该在建立最初几个月就意识到要立刻建立一个信息工作组织，也本该意识到绝对有必要在内部建立一个承担信息工作的组织。然而，如同“钱来得快不心疼”，总参谋部合并了军事信息司并且利用它，却从未意识到老本也有吃完的一天。事物不会凭空出现，它们是劳作和思考的成果。如果不付出劳作和思考，我们怎么能期待会产生成果？基本上，总参谋部现在的军事信息要么是旧的军事信息司的成果，要么是总参谋部的间谍直接获得的信息。

3. 问题出现了，1903 年并入总参谋部的军事信息司，现在究竟变成了什么？很简短的考察也会揭示出，旧的军事信息司的人员和资料已经分散并消融在战争学院，其职能也不复运作。指鹿为马并不会让这头鹿变成一匹马——它还是一头鹿。把战争学院的人员叫作“军事信息委员会”，也不会让后者真的成为一个军事信息司。

4. 我们进行了有关各国的军事信息研究并归入档案，即“军事专论”。它又分为两类——“军事专论”和“百科军事专论”。第一类专论是对世界各国的详尽研究，包括该国有军事价值的一切信息，将会为政府制订入侵计划、在战场上的军队有必要进行入侵时发挥作用。研究以最清晰和简洁的形式呈现，只包含我们充分做过研究和证实的内容。每个国家的“军事专论”都应当及时更新，并且适时发表——或者至少在很短时间内就能提供给其他部门。

第二类专论是《军事专论指令》（战争学院第 5250 号文件，1908 年 12 月）涉及的各种主题的信息汇编。它应当以活页形式呈现，为编写“军事专论”打下基础。

5. 此外，档案部门的档案中，还有许多关于军事的信息。这些信息有各种各样的来源。它们被编入索引并归类。我本来想说这些信息被“搜集”起来了，但对过去几年来战争学院采取的方法进行简短考察后，任何人都会同意，“搜集”这个词是不准确的。信息并没有“搜集”，仅仅是涌入战争学院。由于旧的军事信息司——在它并入战争学院后不久就停止了存在——的努力，大量信息如今依然在涌入。然而，虽然信息在涌入，但它们并没有得到研究和核实。我说过，它们只是被归类。但是，编制索引的秘书并不具有军事知识，也没有接受过相应训练。因此，他们完全无力研究消化、核实验证乃至复核各种涌入他们桌上的具有军事意义的信息。对于我们政府而言，这么多信息如同远在天涯。直到世界尽头，这些信息都会烂在档案部门。

6. 战争学院使用的系统目前将某一个国家的全部信息收录在一本军事专论中。我们后面会谈这一点。而专论系统现在的情况是：

本篇备忘录附有两个表格：表格一呈现了不同国家“军事专论”的编辑情况，而表格二呈现了“百科军事专论”的编辑情况。我们从表格中可以得知，我们迄今只完成了三个国家的“军事专论”。

危地马拉，300 页，完成于 1915 年。

墨西哥，1915 年作为战争学院的第 21 号出版物出版。

萨尔瓦多，400 页，完成于 1915 年。

哥伦比亚，450 页，部分完成于 1914 年。

另有四个国家——哥斯达黎加、古巴、洪都拉斯和尼加拉瓜——的“军事专论”，正在接受校订。

我们也完成了很少一部分关于中国的“军事专论”。

至于我们计划编写“军事专论”的其他 40 个国家，我们手里并无定稿，只有对各国和不同主题的不充分、不完整的研究。这些研究只是战争学院学员作为教学科目的一部分。它们的工作远远算不上尽善尽美。研究是不充分的，其中许多明显是敷衍了事。

至于计划涵盖 49 个国家的“百科军事专论”，我们现有关于 28 个国家的各种数据。其中，5 个国家的数据正在校订，还有 21 个尚没有成稿。

这 21 个国家中的 16 个，什么数据都没有。

两位退役军官现在正在研究中美洲国家（显示为表格一里的“正在校订”）。

一位军官正在重写阿根廷的“军事专著”。他曾是驻阿根廷武官，现在是战争学院的一名学员。

7. 制图部门和军事信息工作关联最为密切，他们的工作还算像样，因为一位曾接受相关培训并接受美国最见多识广的制图员的直接领导的秘书一直保存着卡片。但是，即便是在制图部门，书面报告中的地形信息、报告和地图中附有的地图并没有编成卡片，而其他人基本上无法获得这些资料所提供的信息。但是，这些信息在制图员眼中往往很关键。

8. 我们手下的军官通过在各个国家的探测绘制了大量地图。其中对我们格外重要的国家是我们南北两侧的邻居——加拿大和墨西哥，因为我们随时有可能被迫对这两个国家采取军事行动。

9. 有关加拿大的工作情况是：

1889 年，在战争部长的批准下，军事信息司于当年夏天开始有关加拿大的工作。军事信息司总共完成了 74 份完整地图和 22 份不完整地图。后者的实地勘测已经完成，但由于注意力转向其他工作，地图还没有完成。它们分别是：

哈利法克斯到缅因州东部边界：
绘制 22 份地图，以及进行了 14 个实地勘测。
实地勘测完成于 1907 年。

魁北克到温莎（底特律）：
绘制 37 份地图，以及进行了 8 个实地勘测。
实地勘测时间为 1893 至 1897 年。

苏圣玛丽（Sault Ste. Marie）及附近：
绘制 3 份地图。
实地勘测完成于 1907 年。

美国边界到温尼伯（Winnepeg）及附近：
绘制 6 份地图。
实地勘测完成于 1907 年。

温哥华、维多利亚及附近：
绘制 6 份地图。
实地勘测完成于 1904 年。

我们可以发现，对于军事行动具有最重要意义的区域的地图离现在已经有 19 至 23 年的历史[1]，而实地勘测最迟也是 9 年前的事了。我们还可以发现，这项工作是由旧的军事信息司开始，并在总参谋部领导下继续进行的。但值得注意的是，自从军事信息司并入战争学院并丧失独立性后，我们没有再进行任何实地勘测工作了。

10. 有关墨西哥的工作情况是：

我们共印制和发表了 143 份地图，涉及墨西哥各地区。其中 126 份是从《墨西哥全图》（*Carta General de Mexico*）中重新发表的，而 17 份是制图部门依靠铁路与矿产地图及调查编辑的"非正式"地图。它们分别是：

埃尔帕索（El Paso）到奇瓦瓦（Chihuahua）及附近：
26 份来自《墨西哥全图》的地图，10 份"非正式"地图。

托雷翁（Torreon）及附近：
6 份"非正式"地图。

拉雷多(Laredo)—马塔莫拉斯(Matamoras)—蒙特雷(Monterrey)：
33 份来自《墨西哥全图》的地图。

坦皮科（Tampico）—圣路易斯波托西（San Luis Potosi）：
32 份来自《墨西哥全图》的地图。

韦拉克鲁斯（Vera Cruz）—墨西哥城：
27 份来自《墨西哥全图》的地图。

1　即魁北克到温莎（底特律）。

墨西哥港：
8 份来自《墨西哥全图》的地图。

以上部分地图涉及的领土，接受过我方官员的实地勘测，校正并增加了少许地形数据。它们都是上述地图中的一部分。修正后的地图包括：

埃尔帕索到奇瓦瓦及附近：
无。

托雷翁及附近：
无。

拉雷多—马塔莫拉斯—蒙特雷：
17 份地图。
实地勘测于 1907 年。

坦皮科—圣路易斯波托西：
18 份地图。
实地勘测于 1907 年。

韦拉克鲁斯—墨西哥城：
23 份地图。
其中，22 次实地勘测于 1906 年，1910 年进行了 1 次短途勘测。

墨西哥港：
无。

当然，我方现在还在绘制其他“非正式地图”。但是，除了铁路和矿产地图，我们没有他们的数据。

根据军事信息司的数据，我们还绘制了或正在绘制包含至少五座城市的大比例尺地图，但这些城市（除了韦拉克鲁斯）都没有经过实地勘测的验证。

从这些数据中汇编或正在汇编的公路和铁路也收录在档案里。其中许多数据都来自美国在 1906 年、1907 年派往墨西哥的官员。

我们可以发现，除了一次短途勘测［从图斯潘（Tuxpan）南岸一点到内陆一点］，除了陆军和海军陆战队在美国占领期间在韦拉克鲁斯及附近进行的工作，所有实地勘测都是我方官员起码在 9 年前进行的。尤其要注意的是，所有实地勘测都是由旧的军事信息司在并入战争学院前开始的。自此之后（除了上面提到的那次短途勘测），我们没有再进行任何实地勘测工作。

11. 我们在一些南美洲和中美洲国家进行过少许地形绘制工作。但是，自从军事信息司并入战争学院后，我们就没有再进行任何有关工作了。

12. 我们进行了许多有关中国的工作，但这些工作都是由马尼拉军事信息司发起并执行的。这个组织一直以来拥有很大的独立性，拥有一个直接主持工作的负责人。

13. 当需求出现时，地图室（Map Room）会时不时地编辑不同国家及地区的地图。

地图室于 1915 年编辑了一张非常完美的中欧地图，并印刷和分发了这张地图。

总而言之，地图室的工作在军事信息工作各部门中算是最好的了。

14. 让我们看看美国的情况。

1893 年，在达科塔军区代理工程官、第二十步兵旅随从参谋 H. C. 赫尔（H. C. Hale）中尉的领导下，军官们开始绘制美国“渐次军事地图”（Progressive Military Map），当时只是由达科塔军区进行这项工作。但是，到了 1895 年，军事信息司转而承担这项工作，并在 5 月 25 日的备忘录中提议每个军区都进行这项工作。战争部长表示赞成，并向各军区指挥官下发机密指令。军事信息司受命监督这项工作的执行，以保证一致性。每个军区的实际工作由军区工程官或军区指挥官特别任命的官员负责，而实地勘测由军区指挥官指定军区军官进行。实地勘测数据以原始地图或摹写图的形式上交到军区工程官办公室，然后上交到军事信息司，再存档备案返回军区总部手中。这项工作是机密的。

这一系统在修正后，一直沿用到今天。

1898 年，战争部长命令暂停“渐次军事地图”的工作，直到 1904 年才恢复。那一年，这一工作在副总参谋长的一份 1897 年备忘录的指令下重新开始。备忘录在 1904 年 6 月 7 日得到了总参谋长的批准。军事信息司向各军区指挥官下达了具体指令。

1903 年，在军事信息司负责人和地质调查局局长（Director of the Geological Survey）的建议下，内政部和战争部开始进行合作与协调工作。建议得到了总参谋长、内政部长和战争部长的同意。总参谋部军事信息司准备了一份报告副本，上面还有制作美国“渐次军事地图”修正版的指令。军事信息司在 1905 年 3 月 8 日将上述文件发给了各军区的指挥官。

地质调查局也向执行任务的制图员们下达了指令。这些指令希望，在两个部门达成一致、地质调查局实地制图员在新版地图上增添地质细节前，制图员能够将陆军制图员在实地的修正数据提供给地质调查局。两个部门一直合作到今天。地质调查局提供的数据并不总是很完整，往往很粗略。在很多情况下，提交给我们的地图上的改正信息几乎无法辨认，因而无法复制。在复制前，绝大多数数据都要在地图中重新绘制。当我们看到“渐次军事地图”令人困惑的图像时，我们必须记住这一事实，因为许多地图包含地质调查局提供的军事信息，现在已经无法复制。

为了减少执行派遣任务的军官数量，代理战争部长于 1910 年 9 月 12 日批准了一份备忘录，要求“无限期暂停绘制内陆的渐次军事地图。而加拿大边境的工作在成立专门机构后方能继续进行，墨西哥边境的工作不受影响。海岸炮兵部队（Coast Artillery）要积极完成大西洋、太平洋和墨西哥湾沿岸的工作。我国岛上地图绘制工作——至少在可以进行军事行动的地区——继续进行”。

1910 年 9 月 24 日，相关指令下发给各师和各军区指挥官。按照指令，在各军区工程官领导下，大西洋和太平洋沿岸的地图绘制工作继续进行。在两岸——尤其是太平洋沿岸，地图绘制工作得到工兵部队的大力支持，后者是由军区指挥官指派的。在墨西哥边境，军方尽快完成了地图绘制工作。自从美军向边境派遣了大量军队后，工作进展得十分令人满意。

这份备忘录还附有一份指示图，展现了在不同指令和安排下，海岸、加拿大和墨西哥边境中，已经完成“美国渐次军事地图”相应绘制的地区。

15. 在菲律宾，我们绘制了吕宋岛大部的地图并进行印刷。工兵部队和前线军官受命完成了实地勘测。

16. 在夏威夷，我们绘制了瓦胡岛大部的地图，绝大部分工作都与防卫有关。

17. 在波多黎各，波多黎各临时团在 1909 至 1913 年绘制了全岛地图。地图室后来重绘了全岛地图，现在可以复制。

18. 1911 年，由于地图绘制工作的官员短缺，战争部和地质调查局尝试进一步合作。在一份由战争部长任命的总参谋部军官和地质调查局局长签字并得到战争部长和内政部长批准的共同备忘录（1911 年 10 月 11 日）中，战争部和内政部达成了协议。简而言之，协议要旨如下：

地质调查局同意在地图中添加具有军事价值的地形信息，尽可能集中力量于美国沿岸（尤其太平洋沿岸）、加拿大和墨西哥边境的未绘制地图地区。一旦军区出于军事目的希望尽快绘制地图，地质调查局要尽可能满足战争部为军事目的绘制地图的需求。地质调查局同样同意，一旦绘制完协议所要求的美国地形图，就无偿向总参谋部军事信息司提供 100 份。此外，其他地图以成本价转让给军事信息司。

战争部同意从国会获得额外拨款，以支付地质调查局履行协议时所需的额外开支。

1912 年 5 月，战争部长通知内政部长，他经过财政部长已向国会提请了 9.7 万美元的预算，以支付地质调查局在获得战争部所需地质数据、绘制与印刷地图时的额外开支。众议院未批准拨款。

1914 年 8 月 12 日，战争学院院长向战争部预算中提议了用于支付地质调查局额外开支的类似数额预算。9 月 25 日，总参谋长将提案打回战争学院院长，并附有一份备忘录。

> 考虑到战争部在下一个财年需要大力精简开支，战争部长想让你知道，他不能将你的这一预算包含在他的预算中。他进一步要求暂停相关工作。

战争部显然无法执行协议，1911 年的协议自然成了一张废纸。然而，地质调查局和战争部还是按照 1905 年的协议进行合作。

19. 除了战争学院日常的卡片制作工作、地图整理工作，以及上文所述的“非正式”的墨西哥地图绘制工作，地图室还要完成大比例尺的美国铁路地图。这份地图的绘制工作始于 1909 年。在完成近六分之五后，战争学院院长口头上暂停了这一工作。这项工作直到 1915 年 8 月才继续进行。

20. 在搜集、核对和平时期必须收集与汇编的信息的工作职责上，作为总参谋部的部门，我们如果远远落在后头了，那么在研究情报与信息、战时军队情报组织工作方面更是玩忽职守。我们的《野战军条例》（Field Service Regulations）列举了我们的各项职责：

> 总参谋部
>
> ……
>
> 第三司（军事信息司）关注敌人的移动和部署，包括：勘探、勘测及信息搜集与分发；翻译员、报纸记者和各类间谍；与敌人的关系；休战旗、逃兵和战俘；与占领土地民政当局的关系；等等。

总参谋部坚持一项原则，即和平时期的所有训练与准备必须适用于战争。按照上面《野战军条例》的引文，总参谋部做了哪些训练和准备呢？

除了专门在和平时期研究与进行准备的机构，总参谋部又做了哪些其他准备呢？我们不仅需要认真研究这一主题、制订计划采取各种措施，还必须培养这一领域的官员，提前提供有关材料。比如在和平时期并不存在承担这些职责的部门，可以预料到，没人会履行这些职责。我们甚至都不用再强调这样一个事实，今天的总参谋部，没有哪一个或几个官员在这些领域接受过任何训练，甚至没有人的职责是去思考这些情况。

21. 基于以上事实，我们对当前战争学院在搜集、分类和准备军事信息上的工作做简要总结。

我们甚至需要花费精力将军事信息司档案中的信息进一步加工成型，才能供他人使用。我们如果想定位和获得战时必需而现在我们手里没有的信息，就需要做大量的工作、研究和规划。

22. 驻外武官的工作现在并没有完全见效，因为我们缺乏有效的监督和协调系统。事实上，他们的报告并没有被编成卡片或索引，也不会通知军事信息司哪个官员说，“我们获得了关于某主题的报告”，我们也没有一个能够核实、补充和廓清驻外武官报告疑点的系统。驻外武官的相关工作本来就是军事信息司的一项职责。如果没有哪个组织负起责任，这项职责将无法执行。

23. 附在本篇备忘录后面的是一项关于我们陆军军事信息搜集的研究，内容来自偶然公布的指令、传单和备忘录等。我相信，这项研究不得不让研究者得出这样一个结论：尽管战争学院内部的某些改革会改善当前局面，但要彻底解决这些问题，战争部总参谋部必须要有一个独立执行军事信息工作的部门，其负责人应当直接向总参谋长汇报工作。

R. H. 范德曼

总参谋部少校

表一　军事专论

国家或地区	完成或校订中	日期	页数	备注
阿拉斯加	无	无	无	
安的列斯群岛	无	无	无	
阿根廷共和国	无	无	无	
澳大利亚	无	无	无	
奥匈帝国	无	无	无	
比利时	无	无	无	
玻利维亚	无	无	无	
巴西	无	无	无	
加拿大	无	无	无	
智利	无	无	无	
中国	有	1914 年 4 月	150	北京附近的一小块区域
哥伦比亚	有	1915 年 1 月	450	部分完成
哥斯达黎加	有	—	—	正在校订
古巴	有	—	—	正在校订
丹麦	无	无	无	
多米尼加共和国	无	无	无	
厄瓜多尔	无	无	无	
法国	无	无	无	
德国	无	无	无	
英国	无	无	无	
关岛	无	无	无	
危地马拉	有	1915 年 1 月	300	
圭亚那	无	无	无	
海地	无	无	无	
夏威夷	无	无	无	
洪都拉斯	有	—	—	正在校订
印度	无	无	无	
意大利	无	无	无	

（续上表）

国家或地区	完成或校订中	日期	页数	备注
日本	无	无	无	
利比里亚	无	无	无	
墨西哥	有	1915 年	—	已公布
荷兰	无	无	无	
尼加拉瓜	有	—	—	正在校订
挪威	无	无	无	
巴拿马	无	无	无	
巴拉圭	无	无	无	
秘鲁	无	无	无	
菲律宾	无	无	无	
波多黎各	无	无	无	
罗马尼亚	无	无	无	
俄罗斯	无	无	无	
萨尔瓦多	有	1915 年	400	
西班牙	无	无	无	
瑞典	无	无	无	
瑞士	无	无	无	
土耳其	无	无	无	
美国	无	无	无	
乌拉圭	无	无	无	
委内瑞拉	无	无	无	

表一　军事专论（续）

国家或地区	完成或校订中	日期	页数	备注
阿拉斯加	第一章	1909—1910 年	32	
	专论	1914 年 2 月	98	
阿根廷共和国	专论	1905 年 4 月	107	
奥匈帝国	专论	1906 年 8 月	45	
巴西	第三章	1915 年 1 月	95	
加拿大	第一章	1914 年 2 月	50	
	第二章	1910 年	20	
	第三章	1915 年 1 月	95	
智利	专论	1908 年 11 月	51	
中国	第一章	1910 年 5 月	55	
	第三章	1910 年	36	
哥伦比亚	专论	1910 年 2 月	56	
哥斯达黎加	专论	1910 年 2 月	28	
古巴	专论	1910 年 4 月	49	
多米尼加共和国	专论	1910 年 1 月	91	
	第三章	1915 年 1 月	22	
英国	第一章	1910 年 8 月	4	
	第二章	1910 年 1 月	19	
	第五章	1910 年 1 月	55	
海地	第一章	1909—1910 年	15	
洪都拉斯	第一、二、三章	1910 年 2 月	22	
印度	专论	1907 年 9 月	640	
意大利	专论	1914 年 3 月	122	
日本	第一、三章	1910 年 4 月	55	
	第二章	1910 年 12 月	29	
	第五章	1910 年 4 月	64	
尼加拉瓜	专论	1912 年 9 月	15	
巴拿马	专论	1912—1913 年	183	

（续上表）

国家或地区	完成或校订中	日期	页数	备注
菲律宾	第一章	1910 年 8 月	12	
	（棉兰老岛）	1915 年 11 月	250	
乌拉圭	专论	1909 年 5 月	23	
委内瑞拉	专论	1905 年 8 月	299	
	第一、三章	1908 年 8 月	376	
	第三章	1915 年 1 月	20	

（此表为战争学院学员所进行的研究，这些研究简略而且不完整。）

表二　百科军事专论

国家或地区	页数	备注
阿拉斯加	0	
安的列斯群岛	0	
阿根廷共和国	675	
澳大利亚	0	
奥匈帝国	55	
比利时	10	
玻利维亚	0	
巴西	150	
加拿大	100	
智利	1000	
中国	1100	
哥伦比亚	250	
哥斯达黎加	—	正在校订
古巴	—	正在校订
丹麦	0	
多米尼加共和国	0	
厄瓜多尔	0	
法国	275	
德国	375	
英国	225	
关岛	0	
危地马拉	40	
圭亚那	0	
海地	282	
夏威夷	0	
洪都拉斯	—	
印度	0	
意大利	375	
日本	400	

（续上表）

国家或地区	页数	备注
利比里亚	25	
墨西哥	—	正在校订
荷兰	0	
尼加拉瓜	—	正在校订
挪威	25	
巴拿马	0	
巴拉圭	0	
秘鲁	300	
菲律宾	0	
波多黎各	0	
罗马尼亚	0	
俄罗斯	75	
萨尔瓦多	50	
西班牙	0	
瑞典	150	
瑞士	0	
土耳其	0	
美国	0	
乌拉圭	40	
委内瑞拉	—	许多内容未整理

范德曼提交给战争学院院长的备忘录（二）

——战争部搜集、分类和分发陆军军事信息的历史概述

（1916 年 3 月 2 日）

战争部
总参谋长办公室
战争学院

1. 当然，我们无须重述搜集、分类、制作卡片、归档和分发军事信息的必要性。我们也没必要指出，我们在和平时期需要获得大量信息，尤其是对于战争最为重要的信息。

2. 世界各地的军人都知道和承认这种必要性，讨论这些事就是浪费时间，因为任何了解总参谋部职责的军官都知道，搜集、分类和分发军事信息是总参谋部的基本职能之一。不能执行这项职能，总参谋部的其他职责也无法发挥。同样，世界上任何一个国家——除了美国——都充分认识到，一个训练有素、设施齐全的组织对于执行总参谋部这一基本职能至关重要，战争部时不时签发的各类指令、传单和备忘录却表明，美军缺乏一个清晰、决断的政策去建立一支训练有素的队伍。

3. 许多年以前，早在总参谋部意识到这一需求前，美军高层就注意到这一职责。早在 1885 年，美军就采取措施帮助总参谋部承担起这一职责。美军在陆军副官长办公室内建立了一个局。1889 年，该局成为副官长办公

室的一个独立司。相关机密指令如下：

战争部

副官长办公室

华盛顿

1889 年 4 月 12 日

机密指令：

为了详尽获得和搜集陆军认为有用和有益的信息，我军将组建一个独立的司“军事信息司”，直接向副官长负责。

……

军事信息司办公地为大楼北翼三楼 345 房间。所有属于这类信息的书籍和文件等都将转移到该房间。

4. 1892 年 3 月 18 日，战争部长签发以下指令，重组军事信息司并进一步规定了该司的职责。这项指令给军事信息司赋予的一些职责并不应该属于一个军事信息部门，但当时由于陆军内部没有其他部门可以承担相应的职责，所以只能由军事信息司管理。不过，这项指令还是规定了军事信息司（或者叫军事情报司）的核心职责，并依然生效。不过，现在没有独立的组织执行这些职责了。

陆军总部通令第 23 号

副官长办公室

华盛顿

1892 年 3 月 15 日

一、现公布战争部长的以下指令：

战争部

华盛顿

1892年3月15日

命令：

之前设立于陆军副官长办公室的军事信息司，现按照以下命令进行重组：

1. 军事信息司将由副官长部门内的一位军官主持工作，人选由战争部长决定。

2. 除了其他职责，军事信息司需要承担的职责有：

（1）搜集与分类美国和外国的军事信息，尤其是关于现役军、预备役、可用兵力、自然与人工通信手段（河流、运河、公路和铁路），武器、弹药和其他战争物资的生产，食物、马匹、役使动物的供应等。

（2）为在国外执行任务或游历的陆军军官或驻外武官提供指导，对他们的报告做相应处理并做信息总结。

（3）向陆军提供军事地图、专论、文献和其他出版物，将有价值的军事信息传达给陆军各部门。

（4）和州政府、民兵官员就各州、各领地及哥伦比亚特区的民兵组织与军备问题保持联系。和有关战术指导、军纪、装备决策的相关机构保持联系。

（5）当战争部长指派军官巡视州部队的营地、监督民兵调动和训练时，向他们提供指导。同样，也要概述、处理和保存这些军官上交的所有报告。

（6）为民兵和志愿兵动员、调动和解散，为美军在国境附近各战略点集中兵力而进行研究并制订计划。

3. 军事信息司还需管理一个博物馆，以保护和保存目前分散在战争部各部门的军事收藏品，以后获得的相关收藏品也将保存在这个博物馆里。

4. 军事信息司负责人还需执行属于军事信息司的其他职责，战争部长在后面偶尔还会指派其他任务。

5. 根据 1900 年 12 月 13 日菲律宾马尼拉师总部第 210 号特别指令，马尼拉副官长办公室建立了一个“军事信息司”。按照战争部长 1902 年 6 月 18 日的指令，该部门并为华盛顿战争部副官长办公室军事信息司的一部分，需要执行以下指令：

战争部
副官长办公室
华盛顿
1902 年 6 月 18 日

菲律宾师指挥官
菲律宾马尼拉

先生：

我有幸向您传达战争部长的以下指令：

为了加强情报设施，使得菲律宾部队的行动范围更加广阔、更有效率，菲律宾师总部副官长办公室军事信息司自此并为华盛顿战争部副官长办公室军事信息司的一部分。

……

6. 以下内容显示了副官长办公室军事信息司所需工作的性质：

副官长办公室
华盛顿
1902 年 3 月 4 日

以下陈述关于副官长办公室的组织，以及分配给副官长办公室各部门和各司的工作种类，以用于官方使用和指导：

……

军事信息司

1. 搜集与分类美国和外国的军事信息，尤其是关于现役军、预备役、可用兵力、自然与人工通信手段（河流、运河、公路和铁路），武器、弹药和其他战争物资的生产，食物、马匹、役使动物的供应等。

2. 为在国外执行任务或游历的陆军军官或驻外武官提供指导，对他们的报告做相应处理并做信息总结。

3. 向陆军提供军事地图、专论、文献和其他出版物，将有价值的军事信息传达给陆军各部门。

4. 和州政府、民兵官员就各州、各领地及哥伦比亚特区的民兵组织与军备问题保持联系。和有关战术指导、军纪、装备决策的相关机构保持联系。

5. 为民兵和志愿兵动员、调动和解散，为美军在国境附近各战略点集中兵力而进行研究并制订计划。

6. 建立一个博物馆，以妥善保护和保存目前分散在战争部各部门的军事收藏品，以后获得的相关收藏品也将保存在这个博物馆里。

7. 根据 1891 年 10 月 5 日第 80 号通令第 3 款第 11 段，军事信息司用来传达对师指挥官格外具有价值的军事信息而提供的专业报告，得到报告人同意后，将会提交给陆军副官长，随报告一并提交的还有军事信息司发表的意见。

7. 根据 1903 年 2 月 14 日通过的一项法案，美军建立了总参谋部，并由 1903 年战争部第 15 号通令向全军公布。法案第 2 款规定了总参谋部的如下职责：

陆军总部通令第 15 号

副官长办公室

华盛顿

1902 年 2 月 18 日

……

第 2 款　总参谋部的职责包括：为国防、战时军队动员制订计划；调查并汇报所有关于陆军工作效率及作战行动准备状况的问题；向战争部长、将级军官及其他高级指挥官提供专业帮助；总参谋部成员需要通知和协调所有与本款有关的不同官员的行动，接受总参谋长的监督；执行总统不时指定的各种军事职责。

8. 建立总参谋部的法案条款列举了总参谋部的职责，我们可以从中看到，这一条款的每一个分句所指定的职责都需要军事信息的搜集和分类作为前提。时任战争部长罗脱意识到军事信息搜集是总参谋部的一项职能，这一点表现在以下这则指令中：

战争部

华盛顿

1903 年 8 月 6 日

指令：

副官长办公室军事信息司，连同档案、文件、财产和工作人员，现属于参谋总长办公室。本指令于 1903 年 8 月 15 日生效。

9. 按照这一命令，副官长办公室军事信息司，“连同档案、文件、财产和工作人员”，应当转入总参谋部。战争部长显然希望军事信息司继续其在 1885 至 1903 年组织和发展期间所执行的职能，即对军事信息进行搜集、分类等工作。档案显示，军事信息司在转入总参谋部后数年内依然在执行职能，而其负责人直接向总参谋长负责。

10. 军事信息司的转入也意味着，国会的年度拨款——用来进行军事信息司组建和发展的工作——一并转入总参谋部。1903 年，关于转入的法案如下：

> 副官长办公室军事信息司一切可能开支的预算为6640美元，包括购买法律图书、参考书、期刊和报纸的开支，驻外武官的开支，马尼拉军事信息司分部的开支。这些开支都要经战争部长批准。副官长办公室军事信息司的翻译员和档案管理员的薪水为1800美元。

这一拨款一直延续到了1915年。法案措辞唯一的变化是将“副官长办公室军事信息司”改称“总参谋部军事信息司”，拨款数额从6640美元增长到11000美元。国会认为这笔拨款是供一个进行军事信息工作的组织使用的，我认为这一点无可置疑。任何重组和规定战争部总参谋部的指令或备忘录总是提到总参谋部的一个下属组织叫“军事信息司”或“军事信息部门”，这一事实清楚地表明，历任总参谋长都这么认为。

11. 当各项国会法案拨款给陆军，让它能够执行军事信息的搜集和分类等工作时，军事信息司是最方便接受这项拨款的部门。

第一项法案通过于1888年，国会通过的这项法案是军事目的拨款法案的一部分。内容如下：

> 一个负责搜集和分类国外军事信息的雇员薪水为1500美元，而负责同样职责的军官，其差旅补贴应当与其他工作标准相同。

在军事信息司的努力下，我们第一个驻外武官在次年被派往国外。

此后，每年的拨款都得到了批准，一直持续到1894年。在这一年，拨款的形式改变为：

> 副官长办公室军事信息司、美国驻外大使馆和公使馆的武官一切可能开支预算为3640美元，这些开支都要经战争部长批准。

1897年，有关雇员薪水的规定变为：

> 一个负责搜集和分类军事信息的雇员薪水为1500美元。

“国外”一词被删去了，说明雇员需要对所有军事信息进行“选择和分类”。

1899 年，有关可能开支的规定又改为：

> 副官长办公室军事信息司一切可能开支预算为 6640 美元，包括购买法律图书、参考书、期刊和报纸的开支，美国驻外大使馆和公使馆武官的开支。这些开支都要经战争部长批准。

1901 年，有关雇员薪水的规定变为：

> 副官长办公室军事信息司的翻译员和档案管理员的薪水为 1800 美元。

1903 年，拨款包括了马尼拉分部，相关措辞为：

> 以及马尼拉的军事信息司。

这一年的拨款总额提高到 10000 美元。

1905 年，法案里的“副官长办公室”被改成了“总参谋部”。

1906 年，在有关可能开支的规定中，“参考书”前面加上了“专业”一词；“期刊和报纸”前面加上了“专业和技术”。

1909 年，在有关可能开支的规定中，“马尼拉”后的“司”被改成了“部”。

1910 年，在有关可能开支的规定中，“总参谋部军事信息司”被改成了“军事信息部”。

1912 年，在有关翻译员和图书管理员薪水的规定中，“司”被改成了“部”。

1913 年，在有关可能开支的规定中，加入了“驻外武官在战争部长指令下产生的实际开支和必要旅行开支”。

1914 年，有关可能开支的规定再次得到批准，开支总额提升到 11000

美元。

1915 年，有关可能开支的陆军拨款法案部分变更如下：

> 总参谋部军事信息司一切可能开支预算为 11000 美元，包括购买法律图书、专业参考书、专业和技术性期刊与报纸的开支，征募和信使工作的开支，美国驻外大使馆和公使馆武官的开支，马尼拉军事信息分部的开支，国内外特别指导的开支，维持学生和属员的开支及战争部长认为有必要的其他开支。这些开支都要经战争部长批准。

尽管总参谋部的军事信息司和战争学院都属于总参谋部的一个司，但需要注意的是，所有为一切可能开支的拨款法案，对象显然是“总参谋部的军事信息司”。[1] 战争学院有自己开支和运行拨款。因此，虽然它们处于战争学院同一栋大楼中，但是拨款法案一直把这两者视为两个分离且独立的实体。

12. 我们现在重新谈一谈战争部总参谋部的内部组织问题。

以下通令阐明了总参谋部的职责和一般架构。这一通令规定战争部总参谋部于 1903 年 8 月 15 日开始运作：

陆军总参谋部通令第 120 号

副官长办公室

华盛顿

1903 年 8 月 14 日

……

1 对于 1917 年以前美国陆军军事情报部门的称谓，范德曼一直称其为“军事信息司”（Military Information Division），但起初，公文将其称为“军事信息司”，后改称“军事信息部”（Military Information Section），以上这几段文字就是当时的公文里有关名称变化的原始记录。但为了读者阅读便利，在不影响基本事实的情况下，本书尊重范德曼本人的说法，将其均译为“军事信息司”。

职责：

3. 在参谋总长领导下，总参谋部负责调查、报告一切有关陆军效率和军事行动准备情况的问题……

4. 在参谋总长领导下，总参谋部还负责为国防和军队动员准备计划……研究可能的战争威胁和一般战略问题；负责搜集国内外军事信息；负责准备战役计划，以及战役、战斗、交战和远征报告；负责研究美国军事行动史。

5. 总参谋部官员要进一步致力于为战争部长、将级军官、其他高级指挥官提供专业支持和帮助……他们既要执行法律规定的军事职责，又要执行总统时不时下达的指令。

……

战争部总参谋部

8. 为了便于执行职责，战争部总参谋部将划分成各司，各司都由总参谋长任命的总参谋部的一位军官主持工作。各司都要进一步按总参谋长的指示划分为部。

9. ……

不同司和部的职责由总参谋长负责分配。

……

13. 1904 年 6 月 16 日，战争部总参谋部的组织架构规定如下：

战争部

总参谋长办公室

华盛顿

1904 年 6 月 16 日

备忘录：

在进一步指令下达前，战争部总参谋部事则分配如下：

第一司

……

第二司

（1）军事信息；搜集、安排和发布历史、统计和地理信息；战争部档案室；国内外战争地图系统；有关外国军队和要塞的一般信息；整理官方记录中重要战役的分析性和关键性战史。

（2）驻外武官。

第三司

……

需要注意的是，所有属于军事信息搜集的职责依然属于总参谋部一个独立的司，其负责人直接向总参谋长汇报工作。

14. 1907 年 6 月，战争学院大楼交付使用，第三司（战争学院）从它在杰克逊广场的临时驻地搬往此处。战争学院还在杰克逊广场时，人们就发现有必要让当时驻在柠檬大楼的军事信息司提供各种军事信息。随着战争学院要搬往新的战争学院大楼，战争学院院长意识到，如之前在杰克逊广场时那样使用军事信息司的资源，已经变得极为不便。因此，他建议军事信息司整体搬迁到战争学院大楼。这遭到了军事信息司负责人的极力反对，军事信息司内的所有总参谋部军官也都表示反对。然而，战争学院院长的意见却占了上风。1908 年 5 月，第二司（军事信息司）及其人员和资料被搬迁到第三司（战争学院）。搬迁时，如下备忘录规定了军事信息司的职责：

战争部
总参谋长办公室
华盛顿
1907 年 5 月 24 日

备忘录：

1. 在进一步指令下达前，战争部总参谋部事则分配如下：

第一司

……

第二司

军事信息；搜集、安排和发布历史、统计和地理信息；战争部档案室；国内外战争地图系统；有关外国军队和要塞的一般信息；整理官方记录中重要战役的分析性和关键性战史。

驻外武官。

照相室。

发布军事出版物、地图和文件。

第三司

……

如下指令规定了战争学院的职责：

战争部通令第 116 号

华盛顿

1907 年 5 月 28 日

1. 1904 年 6 月 27 日第 115 号通令第 240 至 245 段自此废除。

2. 战争学院的组织架构和工作由以下条款规定。

3. 战争学院的目标是实际应用我们已经获得的知识，而不是进行学术指导。

4. 战争学院的目标包括：

（1）指导、协调陆军和有在国会法案下派遣陆军军官的学校或学院的军事教育，为美国民兵的调查和研究提供机会。

(2) 为进一步的军事主题学习、学院形成有关总参谋部所研究的信息的观点提供便利。

5. 战争学院人员,一半是正式的,另一半是临时的。

6. 战争学院的正式人员由一位由战争部长任命的院长和战争部总参谋部第三司的官员组成。院长和司的一位官员负责管理学院。学院秘书在正式人员中产生。管理学院的人员和秘书将以命令的形式公布。

15. 我们可以看到,迄今为止,第二司搜集、分类和分发军事信息的职能并未受到任何干涉或削减。同样,迄今为止,第二司和第三司的职责划分得十分明确。它们都是独立的部门,负责人直接向总参谋长报告。

16. 在这份文件后附的备忘录中,我们需要注意,只有一个独立负责军事信息的组织存在,才能对总参谋部拥有的大量信息进行搜集和分类,才能在军事信息司、国务院、海军部、美国特勤局和其他涉及搜集军事信息的各部门之间建立热诚友好的关系。我们还需注意的是,总参谋部存在一部分军官,虽然人数很少,但或多或少接受过所需训练。总参谋部同样有一群接受过训练的秘书、制图员和照相师等,都在从事军事信息工作。同样,军事信息司也可以直接和总参谋长或战争部长沟通机密工作。其中许多都是必要的、具有重大意义的。这样就不需要像后来那样,将一切事情写在备忘录或信件上。总参谋部也得以在信息工作和训练相关军官方面保持连贯政策。

将军事信息司搬到战争学院大楼,标志着战争部总参谋部组织架构上的一个倒退。第二司和第三司现在合成一个司,使得军事信息工作实际运作起来的绝大多数必要条件都大为变化,有些条件甚至再也不存在了。后面引用的 1908 年 6 月 27 日总参谋长办公室的备忘录做出了新的规定。

17. 在第二司和第三司合并成新的第二司的一段时间内,维持了一个负责军事信息工作的貌似独立的组织。但这只是貌似,因为让它得以执行职能的本质已经消失。即便在这个备忘录发表前,旧的第二司和第三司的档案已经合并成属于新的第二司的档案。旧的第二司的秘书、打字员、翻译员、档案管理员、制图员、照相师等和旧的第三司的秘书合并成为新的第二司的职员。旧的军事信息司的档案、文件、档案室、照相室和其他材料的管理权，已经转到了新的第二司的秘书手中。战争学院院长成为新的第二司负责人，负责所有过去属于旧的第二司的职能。旧的第二司负责人不再对这些职能拥有领导权。为了有效管理和控制负责信息工作的组织，任何官员都需要有专心的时间、思想和注意力投入。确实，经验表明，如果执行这些职能，官员将会发现他一个人应付不来。新的第二司负责人既要管理旧的第三司，又要承担军事信息工作负责人的职能。期望他有时间执行好现在赋予他的一切职能，是不可能的。他要么专注于一部分职责，从而有碍另一部分职责的执行；要么被迫草率地应付所有职责。一天工作时间根本不够将这些职责都做好。

18. 下一则备忘录提到了上述状况。军事信息司作为一个搜集和分发军事信息的有效机构，就此不复存在。有趣的是，1908 年签发几乎废弃军事信息司备忘录的总参谋长，又在 1916 年作为西部指挥官，在战争部建立了一个军事信息司。

战争部

总参谋长办公室

华盛顿

1908 年 6 月 27 日

备忘录：

1. 以下公布战争部总参谋部的组织架构和事则分配，直到进一步指令下达：

第一司

……

第二司

军事信息；搜集、安排和发布历史、统计和地理信息；战争部档案室；国内外战争地图系统；有关外国军队和要塞的一般信息；整理官方记录中重要战役的分析性和关键性战史。

驻外武官。

照相室。

准备非技术性手册。

发布军事出版物、地图和文件。

搜集和讨论一切可以获得的数据，这些数据与未来军事行动的战略、战术和后勤方面有关。为可以预见的和平状态向战争状态过渡制订完整的可行计划。指导、协调陆军和有在国会法案下派遣陆军军官的学校或学院的军事教育。

实战演习计划。

永久性防御工事。

海底防御。

实战工程。

信号、技术手册和后勤。

我国军事资源。

……

19. 为了执行上述备忘录的条款，第二司负责人签发了如下备忘录：

第二司负责人办公室
总参谋部
华盛顿
1908 年 6 月 27 日

备忘录：

陆军条例（战争部 1908 年第 128 通令）第 762 段创立了总参谋部第二司。而总参谋长办公室 1908 年 6 月 27 日的备忘录将总参谋部第二司和第三司的职责做出一定修改后，都指派给了现在的总参谋部第二司。在指派人员和职责后，现在宣布第二司的行政人员和委员会。

1. 行政人员

负责人：

……

第二司秘书：

……

第二司秘书长：

……

2. 军事信息委员会

委员会主席：

……

委员会成员：

……

委员会负有以下职责：军事信息；搜集、安排和发布历史、统计和地理信息；战争部档案室；国内外战争地图系统；有关外国军队和要塞的一般信息；整理官方记录中重要战役的分析性和关键性战史。

驻外武官。

照相室。

发布军事出版物、地图和文件。

……

7. 通信

所有与司事务或战争学院事务有关、寄给上级或第二司以外地方、需要上级签名的信件和文件，都要接受每个委员会主席的监督；前一类信件的原件必须要有委员会主席姓名首字母的标记，而后一类信件的副本在右上角处必须要有委员会主席姓名首字母的打字版标记。必要时，呈交给第二司负责人的信件上必须有书面或口头解释。

每个委员会必须独立、完整地保存所有信件和文件。所有与战争学院秘书办公室有关的信件和文件，都要与战争学院委员会的档案保存在一起。

8. 收据

国会为总参谋部军事信息司一切可能开支拨款，以及委员会有关的其他开支的收据，都要接受军事信息委员会的指导和监督，并且符合现存法律和规定，呈交给第二司负责人签字。

……

9. 分配给军事信息委员会的职员、信使和雇员

（下面是39人的名单，这份名单包括制图员、打字员、秘书、翻译员、档案管理员和照相师。）

20. 我们可以注意到，上述备忘录分配给新的第二司（军事信息委员会）的职责，与1904年6月14日总参谋长办公室分配给旧的第二司（军事信息司）的职责是一样的。然而，所有指导工作的权力，对通信、文件、档案、地图等的控制，对职员的领导权——总而言之，就是控制工作的权力和规划并开始新的工作的权力，都从军事信息工作负责人手中被拿走了。备忘录第7部分强调了这一事实。

我们同样可以注意到，每个委员会都需要“独立、完整地保存所有信件和文件”。

这一条款希望每个委员会拥有一定程度的独立性和首创精神。上级做出了尝试，但由于职员们都受司负责人管理，委员会甚至没有独立的秘书或打字员，因而这个尝试最终流产并被废弃。

21. 上述备忘录似乎足以让负责搜集和分类军事信息工作的负责人无法行使职能，让委员会的活动沦为纯技术性活动，但我们在十年后可以发现，其职能还能得到进一步限制，军事信息委员会的工作还能更加没有效率。下面这份备忘录实现了这一壮举：

战争部
总参谋长办公室
华盛顿
1910 年 9 月 26 日

备忘录：

以下公布战争部总参谋部的组织架构和事则分配：

1. 机动部队司

一切与机动部队人员和物资有关的事务。

战争学院

（1）搜集和分发军事信息；战争部档案室；准备非技术性手册；指导和协调军事教育；实战演习计划；搜集和讨论一切可以获得的数据，这些数据与未来军事行动的战略、战术和后勤方面有关；为和平状态向战争状态过渡制订完整的可行计划。

（2）战争学院

海岸炮兵司

一切与海岸炮兵部队人员和物资有关的事务。

2. 民兵事务司

一切与有组织的民兵有关的事务。

3. 需要总参谋长批准的文件都由总参谋部秘书向上述提到的各司司长核实。一切日常或不重要的文件则由总参谋部秘书直接呈交给总参谋长。重要的文件则由各司司长单独呈交给总参谋长。

22. 在废除一个负责军事信息搜集和分类工作的单独实体的过程中，上一备忘录是其中一个步骤，而下一个步骤呈现在下面这个备忘录中：

战争部

总参谋部办公室

华盛顿

1912年2月3日

备忘录：

为了进一步阐明总参谋部战争学院的工作职责并提高效率，以下公布各委员会的人员安排及职责：

……

4. 职责

战争学院：

军事信息；搜集、安排和发布历史、统计和地理信息；战争部档案室；国内外战争地图系统；有关外国军队和要塞的一般信息；整理官方记录中重要战役的分析性和关键性战史。

驻外武官。

照相室。

发布军事出版物、地图和文件。

准备非技术性手册。

发布军事出版物、地图和文件。

战争学院院长：

战争学院院长监督战争学院管理、行政和专业工作、驻外武官、海外机密行动、战争部档案室、照相室、分发文档的一切问题与事务，考虑并决定一切和战争学院行动与建议有关的问题，并且和同级或上级部门保持联络。

关于具有特别重要性的主题的文件、报告和建议，应当单独呈交给战争学院院长，并提交必要的口头或书面解释。但所有文件或工作日常事务直接呈交给秘书即可。

……

5. 委员会

战争规划委员会：

该委员会搜集和讨论一切可以获得的数据，这些数据与未来军事行动的战略、战术和后勤方面有关；为可以预见的和平状态向战争状态过渡制订完整的可行计划。委员会负责按照《战地条例》协调技术性和非技术性手册，向战争学院秘书告知委员会为研究而需要的地图。

（以下是一些总参谋部军官和战争学院临时人员的名单。）

军事信息委员会：

该委员会特别负有以下职责：

（1）准备并修订军事专论。这些专论应当按照战争学院院长所批准的一般格式。在军事专论有关工作中，该委员会将会得到战争学院官员的协助。

（2）指导、协调陆军、民兵和派遣陆军军官的学校或学院的军事教育。

（3）准备并维护国内外战争地图系统。

（4）从重要军事事件的可靠历史源头进行准备。

（5）汇编军事主题的重要文章，向陆军发表，既可以是战争部文件，也可以是军方的期刊。

（6）向军官提供信息，为向军事据点和总部提供信息进行准备，提供战争学院档案室的书籍和卡片的每月清单。

（7）安排、制作卡片、分类和归档出版物、期刊、报纸，为驻外武官报告制作卡片，整理战争学院收到的各类信息，以供参考。

（以下是总参谋部十位军官名单。）

……

23. 在以上分配给军事信息委员会的职责中，（1）、（6）第1款和（7）都是军事信息司（或者叫军事情报司）的基本职能。其他条款都不是基本职能，不过，如果没有其他部门承担相应职责，那么（3）、（4）和（5）也可以分配给军事信息司。这部分列举的其他职责和军事信息工作一点关系都没有。但是，这个部门对自己的工作一点领导权都没有，也没有权力发起一项新的工作。此外，只有驻外武官或战时的军事观察者负有获取军事信息的职责。如前所述，最重要的信息——没有它，无法制订战争计划——却并不是自然而然或日常出现的。人们必须主动获得、追踪并探明这些信息。战争部之外的组织、总参谋部军官之外的人，必须参与到这项工作中。找到这些组织和人并让他们沿着正确方向参与工作，需要一个强有力的常设机构投入大量的思考和规划。然而，这里的职能分配中没有提到这一关键要素。

这还不是全部。(7) 要求“安排、制作卡片、分类和归档出版物、期刊、报纸，为驻外武官报告制作卡片，整理战争学院收到的各类信息，以供参考”。

人们自然而然会认为，军官将会进行这项工作，他们的专业知识使得他们能有效进行工作。事实并非如此，这项工作是由文职秘书进行的。他们虽然热诚高效，但我们不能指望他们拥有训练有素、经验丰富的军官的专业知识，甚至没有军官或军官们监督这项工作。这项工作极其重要，应当开展。不仅要由军官进行这项工作，而且是受过军事信息工作专业训练的军官进行这项工作，因为必须要提炼、核实和复核收到的信息，这样信息才算具有价值。使用未经提炼、核实和复核的信息不仅浪费时间，而且十分危险。

24. 毫无疑问，上级并非故意忘记向部门提供这项工作的基本要素。这仅仅是因为人们不熟悉军事信息工作的细节和职能。

25. 以上并不是我们在备忘录中发现的军事信息工作遭遇的唯一困难。以下引文又从已经元气大伤的军事信息委员会中夺走获得信息的所需机构，并将其控制权交给了战争学院院长。如果战争学院只执行这个职责倒也罢了，但一个人不可能同时顾及战争学院院长的各项职责。具体如下：

战争学院院长：

战争学院院长监督战争学院管理、行政与专业工作、驻外武官、海外机密行动、战争部档案室、照相室、分发文档的一切问题与事务，考虑并决定一切与战争学院行动和建议有关的问题，并且和同级或上级部门保持联络。

26. 如果只是领导权的问题，那么上述引文倒也没什么值得批评的地方。但是，结合备忘录其他部分来看，我们就会立刻发现，问题不仅仅出在领导权上。以上段落提到的职责是由战争学院院长一人承担的，此外没有其他任何一个军官能够分担其职责。这不仅仅是领导权的问题，而是以上段落的所有职责都落在了战争学院院长肩上——至少是发起工作的职责。这一规定产生的影响是，军事信息委员会不可能独自发起任何一项工作，而只能做战争学院院长指派给他们的工作。委员会也无法在军事信息工作中保持连贯性政策，也不能在信息工作方面培训军官。

27. 从总参谋长的这封信中，我们可以清晰地看到，我们所预计的后果都出现了。

战争部

总参谋长办公室

华盛顿

1913 年 1 月 20 日

致总参谋长的备忘录

我时不时会注意到有关军事信息司的描述，认为下文相当准确地表述了这一点。我把它转发给你，因为我知道你热切希望军事信息司能最大限度发挥作用，你会在下文中得到一些有价值的建议。至少不论价值如何，我先转发给你吧。我觉得，我们可以去除许多僵死的部分，让工作走上正轨。

军事信息工作似乎缺乏组织性和协调性。毫无疑问，我们做了许多有价值的工作，但很大一部分（甚至是大部分）都被浪费了，由于缺乏已经取得的成果，陆军并未获得好处。

1. 军事信息工作似乎缺乏连贯性。军事信息司的工作并没有连贯进行。一位军官也许花了数月乃至一年时间在某个主题或某方面的工作上，但后来另一位之前没有接受任何训练，也不熟悉这项工作的军官被指派接替他。他花了几个月时间才赶上前任离开时的工作进度。除了他自己，花费的这段时间就是浪费。与此同时，问题和这方面的工作却处在停滞当中。

换言之，军事信息司似乎并没有能够自生自存，也没有在连续地培训一批官员以承担相关工作。

2. 来自世界各地的军官发来报告，他们的报告都被一股脑地制成卡片和归档，好像具有同样的价值。这些报告一般都是分发给一些委员会成员进行阅读，但这些委员会成员似乎并没有权力做任何批示。似乎我们需要有个审查委员会及时扔掉时效性强的报告，避免永久档案塞满了过时和无效内容。他们至少能够判断，报告是“良好”、“一般”、“具有长期价值”或“只具有暂时价值”等。如果报告保存了下来，那么委员会的评价应当写在卡片索引中。一位军官想寻找某一主题的有关信息，可以通过卡片索引上的内容得知报告的价值，从而找到他想参考的报告。这不仅为他节省了时间，还节省了秘书的时间。否则，秘书就要花时间搜寻报告，在对有关主题的调查毫无价值的报告上浪费时间。

3. ……

4. 绝大多数军事专论都是不完整的……

5. 如前所述，绝大多数军事专论似乎都不完整。原因多半是缺乏准确或可靠的信息，但似乎没人监督工作并获得所需信息。

6. 军事信息司缺乏和政府其他部门的协调。领事和其他人的报告具有许多有用的信息，并不断涌入国务院。一位负责此工作的老练军官就可以轻松完成工作。适当考虑机密事务的前提下，一旦可以借助战争学院提供的信息填补空隙，必将受到国务院的大力欢迎。

当然，如果我们做出了令人满意的安排，让一个军官负责保持联络，实现信息常态交流，那么海军部可以比国务院提供更多的信息。

7. 这一部分大体上建议马尼拉军事信息司、驻日本大使馆、驻中国公使馆，在中国和日本进行更为广泛的实地勘测。

总参谋长　伦纳德·伍德

28. 作为回复，战争学院院长递交了一份日期为1913年1月27日的备忘录。他十分直白地指出，战争学院在处理军事信息工作上遇到的困难，与我在本文中指出的困难是一样的。不过，他表达的方式和我并不完全一样。在备忘录第二段，我们发现了下文：

2. 委员会将会对一切问题进行考虑，如果这些问题或多或少一直存在，那么委员会也都会一直存在。

比如，我们各军种都有一个委员会——由该军种的军官组成，还有学校委员会、装备委员会、陆军重组委员会，它们都是常设或半常设的。

为了特殊目的，我们还会任命特别委员会，例如战地条例委员会、作战手册委员会等。

……

我们不能让一个军官占别人的位子，委员会负责人必须是该委员会所有军官中军衔最高的。

……

3. 档案室负责人负责信息审查。委员会多次讨论过要不要任命一个有关审查的独立委员会。迄今为止，委员会不认为有此必要，但从未忽略过审查问题。

……

战争学院的军官正在为数个国家编写军事专论。

……

4. 事实上，专论的情况并不令人满意。几年前，人们就发现了这一问题，并采取措施补救。考虑到人员太少、变化太多，我们未能成功补救。在过去的两三个月里，这一状况有所改善，我们希望能够把军事专论做得更好。

5. 备忘录第八段说，没人监督获得其他信息的工作。这在严格意义上并不是事实——虽然必须承认我们需要许多方面的新信息，我们不断要求驻外武官和其他人就特别方面搜集信息。

……

29. 以上回复和前一封信十分清晰地展现出有哪些问题。信中抱怨的情况之所以出现，是因为没有一个处理军事信息工作的独立组织。而复信给总参谋长又是负责此事的战争学院。复信明确指出，一切工作都开始于战争学院外——战争学院里，没有一个组织或特别任命的团体负责调研陆军和政府有关军事信息的需求，制定满足需求的方案。总参谋长在 1913 年做出的批示到今天依然适用。我们没有采取任何长期措施补救上面提到的状况。问题持续到今天，我们却没有取得什么成果，因为最基本、最基础的问题在于缺乏组织。

30. 以下备忘录说明了分配给战争学院的职责，描述了战争学院开展日常工作的方式：

华盛顿

1915 年 5 月 3 日

致总参谋长的备忘录

主题：在战争学院工作的总参谋部军官姓名、职责和不同委员会。

1. 1915 年 1 月 4 日，在战争学院工作的总参谋部军官的姓名如下：

（以下是战争学院的不同委员会和委员会成员名单。）

……

7. 军事信息和专论。

（以下是委员会成员名单。）

总参谋部的工作分配。

以上列举的总参谋部军官及附属官员，构成《陆军拨款法案》所称的“总参谋部军事信息司”成员。它属于总参谋部战争学院，“军事信息司”是法理上的名称。其他部门属于“战争学院”，后文会提及。

军事信息司的主要职责就是完成总参谋部的任务。一旦要求总参谋部工作的文件下达至战争学院，文件就要交到负责军事信息司工作的总参谋部高级官员手上，并由他将任务分配给个人和委员会。个人和委员会提交报告后，他将会在审阅后提交战争学院院长签字。他主持他所担任主席的各类委员会的会议，以及军事信息司的会议——除非战争学院院长在场。这些职责需要这位总参谋部的高级官员时刻保持注意力，他不应当被不属于这一部门的外在工作所干扰，不能像本备忘录第五段所举例的特里特（Treat）上校那样。

……

战争学院

6. 战争学院的目的是培养具有公认能力、高级指挥能力和高级职位所需的总参谋部能力的军官。

……

31. 以下备忘录简要叙述了战争学院在军事信息司和战争学院两方面的职能：

战争部

总参谋部办公室

华盛顿

1915 年 11 月 6 日

致总参谋长的备忘录

主题：战争学院的职责和各军官的任务。

1. 随同此备忘录附上的是来自总参谋长、日期为 1915 年 11 月 3

日的备忘录。后者要求简要汇报战争学院的职责、下属部门和各军官的任务。相关叙述如下：

机构设置：

按照 1910 年 9 月 26 日总参谋长办公室的备忘录有关“战争学院”的规定，建立了本机构，并位于战争学院大楼。

组成：

战争学院由两个独立部门组成：（1）总参谋部军事信息司；（2）战争学院。国会对这两个部门的预算是单独的。两部门均位于战争学院大楼。前者自1908年6月起在此办公，后者自1907年6月起在此办公。两部门有着独立的职能。

职能：

职能简述如下：（1）军事信息司。搜集和分发军事信息；管理战争部档案室；准备非技术性手册；指导和协调军事教育；实战演习计划；搜集和讨论一切可以获得的数据，这些数据与未来军事行动的战略、战术和后勤方面有关；为从和平状态向战争状态过渡制订完整的可行计划；国内外战争地图系统；驻外武官；军事出版物；照相室；整理官方记录中重要战役的分析性和关键性战史。（2）战争学院。培养具有公认能力、高级指挥能力和高级职位所需的总参谋部能力的军官。

32. 1915 年 8 月 10 日的《总参谋部战争学院手册》详细描述了我们今天工作所在的组织。这本手册是与战争学院当前组织有关的一切规则和条例的汇编。

33. 让我们考察一下迄今为止战争学院组织在军事信息工作中的实际表现如何。

1915 年 5 月 3 日递交给总参谋长的备忘录准确地做了描述。战争学院全体在岗总参谋部官员及附属官员，“构成《陆军拨款法案》所称的‘总参谋部军事信息司’成员。它属于总参谋部战争学院，‘军事信息司’是法理上的名称”。

34. 这个描述十分准确，它是“法理上的名称”，仅此而已。之所以要用“军事信息司”这一名称，大概是只有这样才能获得国会为军事信息工作设立的拨款吧。军事信息司的首要职责和军事信息无关。以下文字强调：“军事信息司主要职责就是完成总参谋部的任务。”这就是军事信息司的工作——“当前总参谋部的任务”（其中许多根本不是总参谋部的任务）。在解释“当前总参谋部的任务”如何执行时，备忘录接着写道：“一旦要求总参谋部工作的文件下达至战争学院，文件就要交到负责军事信息司工作的总参谋部高级官员手上，由他将任务分配给个人和委员会。个人和委员会提交报告后……”现在的问题是，虽然总参谋部的任务包括军事信息工作，但包括许多与军事信息完全无涉的工作。另一方面，军事信息工作包括许多不是当前的工作，但必须由本机构发起。备忘录却说：“他将会在审阅后提交战争学院院长签字。”但是，谁负责与军事信息搜集和分类等工作及其他和军事信息有关的工作？就算让他负责军事信息工作，这位总参谋部高级官员也做不到，除非他忽视自己的其他职责，正如备忘录指出的：“他主持他所担任主席的各类委员会的会议，以及军事信息司的会议……这些职责需要这位总参谋部高级官员时刻保持注意力，他不应当被不属于这一部门的外在工作干扰，不能像本备忘录第五段所举例的特里特上校那样。”就算他有时间，他也没办法开展工作。因为我们会发现，一些从事军事信息工作的最重要机构不受他管辖，它们的控制权归战争学院院长。这些机构即1912年2月3日备忘录所提到的“驻外武官和机密使命、战争部档案室、照相室”。

事实上，正如战争学院承担的职责算不上“战争学院”之名，战争学院“军事信息司”所承担的职责也算不上“军事信息”之名。

35. 既然这位负责监督一切所谓总参谋部军事信息司工作的总参谋部高级官员，不能管理实际上的军事信息工作，那么是谁在管理呢？这一职责落到了谁的头上？战争学院内唯一有可能承担这一职责的组织是“军事信息和专论”委员会——委员会主席是战争学院院长，成员包括战争学院秘书，因为这些官员负责管理驻外武官和观察者，并指导他们的工作。工作安排看上去挺好，但这些官员由于难以推卸的其他大量职责，没有所需的时间和精力投入军事信息工作。委员会其他成员也是如此，他们每个人还在至少一个其他委员会内任职，需要考虑其他完全不同的工作。

后果就是，总参谋部无法对自己搜集的信息进行加工以供他人使用。由于缺乏适当组织，在我们为我们自身国防规划军事行动时，总参谋部完全无法提供稳定的信息流。

36. 从军事信息角度来看，我们甚至对在国内进行军事行动都没有做好准备，我们没有采取任何措施做出补救。当军官和设施数量得到保障时，副官长办公室军事信息司和总参谋部第二司（军事信息司）的过往成果质量兼优。在现有体制下，我们无力加工来自国外的海量信息，更没法开展国内的信息工作。看上去，一旦我们抛弃这个没有产生效能的体系并回到原来的模式，对政府、总参谋部和陆军会更好。

然而，除了以上原因，为什么要尽快采取这些措施，还有其他原因。

37. 任何参与军事信息工作的人都知道，只有经过训练的人——无论是军官和秘书都是如此——才能从事军事信息工作。军事信息工作不需要特别的聪明才智，但需要接受培训和相关工作经验，需要思考和计划，以及忍受枯燥乏味的工作。除了总参谋部的实际工作，我们陆军没有别的手段培训总参谋部的军官。只有从事与军事信息有关的工作，才能获得教益和经验。没有教科书或者其他信息源能让军官学习如何从事军事信息工作。如果总参谋部都没有一个与军事信息工作有关的组织，那么我们怎么指望年轻军官掌握从事军事信息工作必需的方法和知识呢？

38. 为了实现带来持久惠益的成果，为了建立搜集信息的有效方法，从而在未来一段时间内能够自动运行，为了建立搜集信息的常设或半常设机构，我们需要协调和“团队合作”。而这只能靠组织化才能实现，我们需要一个长期跟进的政策。

39. 许多军事信息工作都有必要做好保密，即便驻外武官的许多日常工作也是如此。不加以注意，就很有可能会造成大麻烦。哪怕在战争疑云出现数年以前，我们也必须在实施军事行动的国家获得大量对战争至关重要的信息。许多这类信息不能依靠我们日常派遣的驻外武官获得，而必须采用其他手段。无论我们是派遣我军军官到该国，还是依靠已经居住在该国的人员，都必须要保持高度机密。

需要保密的不仅仅是有关外国的工作。在美国，有些时候除非你让提供信息的人确信，信息和信息源都将被保密，否则我们得不到某些信息。无论信息对政府和军方多么关键，如果他们无法信任你，你就得不到信息。

40. 这些事情都要以个人方式处理。它们不能像日常事务一样，暴露在众目睽睽之下。经常出现的有些事情甚至都不该写在纸上。其中，许多案例中，事情需要向战争学院院长或战争部长，有时甚至是总统直接汇报。这在和平时期至关重要，在战争时期更是如此。因此，重要的是，负责军事信息工作的官员要和总参谋长直接打交道，对其负责。

41. 我们早就知道，军需部队搜集有关美国铁路的信息，从而为战时提供数据。这当然是总参谋部军事信息司的工作。但是，军事信息司由于并不是只负责信息工作，也没人专门研究此事，所以并没有从事这项工作。然而，由于这一信息对军需部队如此重要，而且军需部队知道总参谋部并没有在搜集相关数据，所以他们做这项工作并不让人吃惊。总参谋部不仅应当搜集与铁路有关的信息，而且应当搜集其他工业类型的有关信息。我们现在应当开展这些工作。如果我们有一个组织良好的军事信息司，一旦证明这些信息对政府至关重要，那么搜集它们的工作就会立刻开始。

42. 之前提到本文后附的备忘录，它是有关军事信息司（或者叫军事情报司）在战时部队组织的备忘录。在当前欧洲战事中，战场上的总参谋部工作愈发重要。可是，我们并不详细知道不同交战方总参谋部的组织和职责，因为他们对此严防死守、讳莫如深。不过，我们对交战国总参谋部的权力和职责的了解，要比过去多得多。我们还知道，各个国家情报部门的组织架构是最完整的。就拿其中一个交战国在战场上的总参谋部的组织和职责分配来说，它分为四个司，每个司都向总参谋长直接汇报工作。第二司叫作情报司。它所承担的职责众多而且复杂，其成员需要之前接受过高质量的长期训练。情报司成员和国内的情报部门拥有十分密切的关系，这是十分必需的。如果在欧洲是必要的，那么在美国也同样是必要的。

43. 我们在《野战军条例》中规定了战场情报部门的职责，此外，我们没有为战争做任何准备。自然，由于我们在和平时期没有任何组织负责训练军官从事军事信息工作，因而我们缺乏训练有素的人员。出于同样理由，一旦战争爆发，我们没有任何必要的资料和准备资料的规划。

44. 用一句话总结，在战场情报工作组织方面，我们的准备并不比总参谋部组建时好多少。而在军事信息方面，我们也没有什么进步，因为我们当时手里的绝大多数信息——尤其是我们南北两侧邻居的地形数据——此后并没有得到校正或补充。这些信息已经过时，没有任何价值了。

45. 对于总参谋部而言，难道不是是时候采取补救措施吗？采取措施的权力和义务都属于总参谋部。国会在建立总参谋部的法案中将相关权力和义务赋予了总参谋部。因此，当我们被发现工作不力时，我们不能说国会没有向我们提供获得所需结果的手段，而是因为我们没有行使我们所具有的权力。

46. 基于以上考虑——以及本文没有提到的其他方面——我们可以得出以下结论，如果我们希望总参谋部的工作效率更高：

（1）必须将总参谋部军事信息司重建为战争部总参谋部的一个独立部门，不再承担不属于军事信息工作的职责。（2）军事信息司必须拥有一个独立组织，负责人必须直接向总参谋长汇报工作。（3）军事信息司必须拥有自己的军官、秘书、制图员、照相师和其他助手。（4）军事信息司必须拥有自己的档案和文件。（5）军事信息司必须处理所有与军事信息工作有关的事务，不能承担与其法定职责无涉的事务。

47. 这个组织的办公地问题是次要的。毫无疑问，对于总参谋长更方便、效率更高的方法是让这个组织的办公地靠近总参谋长办公室。在战时或危险时期，办公地甚至必须要在总参谋长办公室附近。但是，在平时的和平时期，总参谋部其他部门，尤其是负责思考与准备战争计划、负有教育职能的战争学院，如果能够使用军事信息司的资料，将会拥有很大优势。因此，军事信息司最好在战争学院大楼力办公。不能说总参谋部两个或多个独立部门无法在战争学院大楼的同时办公，因为战争部大楼现在就有多个独立部门在同一屋檐下办公。

48. 我们不能欺骗自己，说什么总参谋部已经履行了陆军和国会希望它、相信它所承担的任务。陆军仅仅是不冷不淡，而战争部不同部门也算不上热心，国会内则滋生了一种强烈的敌意。这看上去并不妙。总参谋部已经建立了 13 年。人们普遍认为，总参谋部并没有实现人们的愿景——并没有充分发挥建立时被赋予的职能。这种看法也许是错误的，而且总参谋部之所以未能充分发挥职能是有理由的。但是，无论怎样，这种看法确实存在。因此，难道我们不是是时候考察一下情况，看看这种看法的成因是否空穴来风吗？我相信，如果这种不满情绪存在原因，如果我们发现我们确实没有做好我们应该做好的事情，首要原因应该就是我们缺乏适合的内部组织。

49. 在写下这篇文章供读者思考时，我想说我并不是在吹毛求疵。我仅仅是在呈现我眼中的事实。我写下它，是因为相信这是我作为总参谋部成员，有义务在上级面前指出这一点。一旦这一任务完成，我在这方面再也不用尽什么义务、负什么责任。

R. H. 范德曼

总参谋部少校

附　录

马尔伯罗·丘吉尔致丹尼斯·诺兰
（1918 年 6 月 4 日）

丹尼斯·诺兰
副总参谋长
美国远征军总部 G-2 部门
法国

亲爱的诺兰：

……我现在将 4 月 19 日的备忘录发给你，我们如果获悉任何人的消息以及任何值得告诉你的事情，都会向你通报。你可以认为，现在的情况正在朝令人满意的方向发展。

毫无疑问，你会和我一样，吃惊地发现我试图接手范德曼所开创的工作。我如果知道我后来要投身情报工作，去年 6 月无论如何都不会离开你手底去谋个什么前途。我如果一直在你的部门待到现在，目前应该更有资格担任我现在的职务。这说明，我们为未来道路做出决定时，永远不知道什么对我们好、什么对我们坏。

你如果有机会和范德曼聊聊这件事，就会发现，尽管他对自己工作的描述十分谦虚谨慎，但奇迹般地建立了一个情报机构，不比我在英国或法国看到的情报机构差。随着时代发展，随着美国人的想象力和原创力开始在情报工作领域发挥作用，我确信，我们将会拥有一个世界上最好的情报机构。

我不知道总参谋长或美国远征军总指挥官的计划，但希望范德曼在对欧洲有了充分了解后，你能设法促成他回到我们部门，让他继续在这里工作。他离开期间，我愿意尽我所能“接手”他的工作。但再怎么说，一个业余者，无论他是多么地想做好工作，也不能做出像范德曼这样的职业人士才能做出的工作。

这十个月，我们的工作范围全无交集，实在太不幸了。但是，你要相信，我会尽可能地让我们接着在一起工作。而且，你可以毫无保留地相信，我会在一切事情上支持你。只要你有需求，请尽可能地相信我从大西洋这一边给你派过去的任何军官、人员或设备。

真诚的

马尔伯罗·丘吉尔

第64号备忘录

（1918年8月28日）

总参谋长办公室
战争部
华盛顿

1. 按当前战争部第80号通令规定，军事情报分部成为总参谋部一个司，叫作军事情报司。负责人为军事情报司司长和副总参谋长。

2. 军事情报司负有以下职责：

获得和管理军事情报，既包括积极情报，也包括消极情报。

对军事形势、经济形势和总参谋长指定的其他事务的预测工作，每天都要做出调整。

搜集和分发军事情报。

与盟国总参谋部情报部门在军事情报工作上开展合作。

为我军军事情报工作提供指导。

监督和培训情报工作人员，组织、领导和协调情报机构。

监督驻外武官履行职责。

获得、复制和发布地图。

翻译外国文件。

拨付和审计情报工作资金。

与审查委员会以及政府其他部门的情报机构合作。

与部门情报官员直接联络，与情报点、军营和情报站情报官员直接联络，与战地指挥官在授权的军事情报工作方面进行直接联络。

3. 总参谋部亚历山大·考克斯上校，被任命为军事情报司负责人的行政秘书。他负有以下职责：

在军事情报司负责人缺席期间，代理主持工作。

协调军事情报司各分部的工作。

审阅所有需要军事情报司负责人签字或查看的信件，审阅所有涉及内外政策的信件。

协调军事情报管理工作，既包括积极情报，也包括消极情报。

确保盟国总参谋部军事情报部门在军事情报方面的合作顺利进行。

监督情报部门的组织、领导和协调工作。

确保与审查委员会以及政府其他部门的情报机构合作顺利进行。

4. 美国陆军的伯奇·赫尔姆斯（Birch Helms）上尉，被任命为军事情报司负责人办公室的专职官员。

5. 为了确保分配职能的协调性，军事情报司分为两个分部——积极情报分部和消极情报分部。

总参谋部约翰·M. 邓恩上校被任命为积极情报分部负责人。

总参谋部肯尼思·C. 马斯特勒（Kenneth C. Masteller）上校被任命为消极分部负责人。

6. 积极情报分部负有以下职责：

对军事形势、经济形势和上级指定的其他事务的预测工作，每天都要做出调整。

搜集和分发军事情报。

为我军战术情报工作提供指导。

监督和培训积极情报工作人员。

监督驻外武官职责。

获得、复制和发布地图。

翻译外国文件。

提供密码、应对敌方密码解码工作、检查隐形墨水书写的文件。

7. 以下部门属于积极情报分部：

MI-2、MI-5、MI-6、MI-7、MI-8 和 MI-9。

8. 消极情报分部负有以下职责：

监督审查工作。

为我军反情报工作提供指导。

监督和培训反情报工作人员。

组织、领导和协调消极情报工作。

激励军队士气。

9. 以下部门属于消极情报分部：

MI–3、MI–4、MI–10和军队鼓舞士气部门。

10. 海岸炮兵部队阿瑟·G. 坎贝尔少校被任命负责军事情报司的行政管理部门（MI–1），该部门负有以下职责：

协调MI–1以下各分部的工作。

审阅所有在MI–1内准备的信件，除了不需要行政秘书签字或查看的日常信件。

协调所有联络官员的工作。

收到来自总参谋长办公室或战争部长办公室的所有信件后，监督后续进度实施和回复信件工作。

拨付和审计情报工作资金。

为军事情报司进行所有必要的采购。

任命文职人员为情报工作而担任陆军士官。

安排军方人员调入以开展情报工作。

雇用民间人士。

监督所有与翻译部队和情报警察部队有关的事务。

监督军事情报司的文件收藏、归档工作，以及嫌疑人登记表。

监督秘书、信使、守卫、门房和其他雇员的工作。

编辑、印刷、分发所有摘要、报告和名单等。印刷、油印、铅印、照相和影印。

监督和维护军事情报司档案室。

军事情报司遵照丘吉尔准将的命令。

亚历山大·考克斯上校

总参谋部执行秘书

范德曼致威廉·布利特

（1919年4月11日）

威廉·布利特先生
消极情报分部
和会美国代表团
法国巴黎协和广场4号

亲爱的布利特先生：

我带着极大的兴趣读了你关于俄国的报告，尤其是关于其最近三个月的报告。因为你知道，我的职责就是研究这个不幸国家的情况，并对与布尔什维主义及其许多行动有关的报告进行总结。

恕我直言，你的报告恐怕会在那些不了解俄国具体情形的人的头脑中留下与实情并不完全一致的印象。我尤其关心的是我与你昨天谈话中蕴含的风险。你的解释和我所看到的关于俄国的报告几乎一致，但你那未加解释的报告，会让读者得出不一样的结论。比如，你说道："今日俄国正处于极其艰难的经济困境中。海上和陆上的封锁是经济困境的原因，而交通必需品的缺乏是最严重的症状。"这一句话单独拎出来会让读者以为，解除封锁就能够缓解困境，有利于恢复正常的经济生活。

事实却与封锁无关。问题在于，现在的苏维埃政府系统性地摧毁了整个经济和工业已有结构，在它的统治下，能够恢复正常的经济生活吗？列宁在演讲中反复声称，俄国工人现在必须执行最严格的纪律和自我克制措施。而且列宁在质疑俄国工人做到这件事的能力。你称工厂正在亏本运行。但可靠的报告显示，哪怕在尝试继续开工的工厂里，工业混乱也是无法用文字描述的。是的，俄国现在没有火车，也没有卡车。但是，即使俄国有，即使俄国工人委员会和俄国工人的工作让所谓铁路专家印象深刻，但有证据显示他们真的能够运行起这么一个庞大的交通系统吗？

你在报告的第二页中说，俄国解决了工人在工作时间内的怠工问题。一系列报告却反驳了你的话，这些报告说俄国发生了许多罢工和破坏行动。前面也提到，列宁自己都抱怨俄国工人不愿且不能采取必要的自律措施，以完成一天的正常工作。

你在报告中说，镇压反革命委员会已经不再拥有审判权，现在仅仅对反革命嫌疑人做出指控，并交由常规建立的法庭审判。事实上，政府依然享有审判权，并毫不犹豫地利用它重建特别委员会。那么，常规建立的法庭又有什么用呢？俄国有半点宪法规定的法律保障吗？有半点我们美国人设想的——即使我们只是部分认识到——“生命、自由和追求幸福的权利”吗？

你在报告中说，苏维埃政府牢牢建立起来了。它是怎么建立起来的？它如今的基础是什么？它是依靠武力，还是依靠俄国人民大多数的广泛支持？我记得，你曾经说过，俄国苏维埃政府完全不民主的特点。在民主伪装下让少数派夺取政权，没有哪个计谋比它更精巧了！

你在报告的第五页中说，对政府唯一构成威胁的反对派是更激进的政党。除了社会革命党人，所有反对党，乃至所有政治组织，不都被布尔什维克完全摧毁了吗？

你的报告还称死者不多。这和我们部门的文件不一致。我们的文件显示，比起俄国革命，法国大革命算得上是一次相对温和的事件。最近，英国政府发布的《布尔什维主义白皮书》，在这一点上格外具有启发性。

至于你在报告中的结论，我想满怀敬意地说出我的想法。当我读到“共产党中的列宁一派和领导俄国的任何社会主义政党一样温和”时，我发现我在许多报告中完全找不到证据。这就让我们合理地得出这样一个结论：我们不敢保证它赢得了俄国大多数人民的支持。

苏俄领导人不是说过，只有为了向资本主义政府更好地发起战争，他们才会追求和平吗？

即便我们假设封锁解除，俄国支付得起进口的商品和材料价格吗？一个无效率的共产主义政府在和自己创造出来的混乱做斗争，它能够与它口中的资本主义世界恢复经济关系吗？列宁自己不也承认这是不可能的吗？要么环球变成赤旗的世界，要么俄国红旗落地。

最后，你所建议的和平只会给现在的苏维埃政府带来无限的尊严和更多的支持，而不会给世界其他地方带来同样的好处。如果真的像布尔什维克所言，他们对社会的构想不能和现存的社会结构相容，那么为什么现在的社会要对这个必须摧毁自己的组织施以援手？

真诚的

R. H. 范德曼

总参谋部上校

范德曼致马尔伯罗·丘吉尔

（1918 年 9 月 4 日）

马尔伯罗·丘吉尔上校
军事情报司负责人
行政部门
华盛顿

亲爱的丘吉尔：

在过去的两三天时间里，我和 MI-5 负责护照和口岸管理工作的人员进行了几次长谈。整个环节中，现在最薄弱的地方是美国与加拿大的边境。当然，我不知道美国现在的口岸管理工作表现如何。当我离开美国时，工作有点复杂，并不是让人特别满意。后来，我国出台了一些立法措施，但我不知道在收紧港口检查工作方面，我们采取了哪些措施。英国人告诉我，他们从未让加拿大人建立一套有效的管理体系。因为加拿大人说，只有美国人建立起来一套体系，他们再搞一套体系才有意义。确实如此。现在的情况是，人们从美国进入加拿大，然后航海前往英国，全程没有任何管理体系。英国人当然可以遣返他们，但从哪一个方面来看，建立一套管理体系都是更好的选择。如果我们还未建立起一套令人满意的港口管理体系，那么我建议现在就着手去做。

给你写信的时候，海军武官办公室找我，我在那里碰到了麦考利（McCauly）。我们就以上问题谈论了很长时间。麦考利告诉我，在他离开前，他们采取了措施。海关官员同意对所有入境的中立国居民和被“视为”可疑分子的美国人进行检查，而且军事情报司和海军设施管理部门都要有一名代表在场。他们不会对非可疑分子的美国人进行检查，因为这会让国会议员发起抗议。至于出境游客（英国人格外感兴趣），除了我们和国务院在护照方面做出的安排，我不知道我们还有什么管理措施，护照方面的安排包括新的或更新后的护照，但不包括旧的护照的签证，也不包括对中立国或盟国游客的检查——他们的护照已经有中立国或盟国领事的签证。我相信，你也会同意要着手处理整个事情。我们只有建立一套真正令人满意的系统，加拿大人才能愿意采取行动。不过，当我们真的成功地建立一个有效的体系之后，也许还需要你给加拿大在渥太华的军事情报部门负责人写一封半官方书信，向他们通报我们采取的措施，告诉他们，如果加拿大能够建立一个类似的体系，那么将会对我们的共同事业产生非常大的帮助。你要向对方指出，不采取管理措施，放任人们从美国经加拿大前往欧洲是多么不可取。

当然，有关进出西班牙的情况不是特别理想。我不知道现在那里是如何管理的。但是，一旦不受欢迎的人通过海上进入西班牙，由于法国管理上的松懈，他们很可能穿越法国与西班牙的边界进入法国。这是我们和英国人一直以来提防的事情。我们有必要在法国控制人员流动方面提供支持，不仅要在边界提供支持，而且还要在后勤部控制的地方提供支持。我们最近向法国与西班牙的边界的四个地点派了我们的官员。他们和法国人一起工作，应该不久以后会让事情好转。如果我们能让法国与西班牙的边界的控制程度，做到和法国与瑞士的边界一样严格，那么我认为我们就会处在一个有利的位置上。不过，如果我们在美国港口上对前往西班牙的旅客采取有效的管理手段，那么将会发挥十分巨大的作用。

此外，不要忘记还要对直接从海上前往法国的旅客进行管理。虽然在法国港口，我们有和法国人一起工作的港口管理官员，但美国港口的管理工作会发挥作用。为了展示管理工作是多么重要，福煦将军有一天给法国在法国与瑞士的边界控制部门写了一封私人信函。他在信中感谢这一部门的优异工作，并说他认为这一部门的工作让德国人一点也无法察觉到7月份法美联军的攻势。

现在，西线和西北线[1]都需要我们注意。如果我们在符拉迪沃斯托克（海参崴）和中国港口有管理措施，那么情况不会变得太坏。不过，除了横滨、上海和香港的英国港口管理部门，我们在亚洲的港口就没有其他管理部门了。英国人最近才向横滨派人，而且还因为担心日本人的看法而恐惧和担忧不已。事实上，英国人太纵容日本鬼子（Japs）了。如果我们能向横滨派自己的人和英国人一起工作，然后再向长崎、符拉迪沃斯托克（海参崴）、秦皇岛和天津（或者塘沽）派我们的人，那么我认为我们可以阻止布尔什维克和其他不受欢迎的人涌入美国。我建议，这些港口管理官员可以隶属不同城市的领事馆——就像在瑞士那样。从预备役和国民军军官中进行选拔，然后由国务卿任命他们为副领事或领事馆官员。这样，他们就能以领事馆作为掩护。

以上只是告诉你情况如何。你必须自己判断怎么做才能最大程度实现目标。

我依然在等待前往荷兰的船队。他们告诉我，船将会在三四天内启航，但海军部说他们自己不知道确切的启航日期。而且就算知道，也不会告诉我们。我现在特别希望赶快完成工作并回到法国，这样我就能继续做与部队有关的工作，因为我觉得我得尽快前往西班牙和意大利。

我之前收到巴基的一封信，他敦促我尽快回来，因为他有许多事情需要帮助。

写信时，里格斯少校来到我办公室。他刚刚从阿肯奇回来。罗格斯（Ruggles）和大使派他来见这里的英国人，还有巴黎的潘兴将军和最高战争委员会。在你收到我的这封信前，你应该以电报形式收到了罗格斯的一份报告。这份报告重复了他从摩尔曼斯克[2]发回的那份报告。我上午见了他一面，了解他所掌握的情况。

我这两天会给你再写一封有关海军情报局——尤其是有关麦考利

1　这里应该指的是美国西部和西北部，面对俄罗斯的那一侧，因为美国正在积极谋划干涉俄国革命。

2　摩尔曼斯克（Murmansk），俄罗斯西北部港口。由于受北大西洋暖流的影响，终年不冻，是北极圈内最大的城市。

的情况——的信。

向部门所有人致以我的问候。

真诚的

R. H. 范德曼

范德曼致马尔伯罗·丘吉尔

（1918 年 9 月 5 日）

马尔伯罗·丘吉尔上校
军事情报司负责人
行政部门
华盛顿

亲爱的丘吉尔：

一直想给你写封信，谈谈我们的陆军情报官员和海军情报官员应当在海军舰船上建立联系，应当对非海军管辖的船只进行管理——目前在海上船只方面，我们没有派遣情报官员。也许你已经考虑过这些事情，但我知道你现在事务繁忙，要是没研究过这些事情很正常。因此，我想写封信告诉你，我对这一方面事务所进行的调查，提出应该做什么。当然，这只是我的建议。

在咨询了大量师级和团级情报官员后，我发现他们和远航的海军情报官员很少有什么联系。理论上，他们应当要有联系。而在海军舰船和陆军负责的船只（如果有的话）方面，我们在船上没有情报官员。因此，我们对船员的反情报管理工作几乎为零。在我们军队抵达法国后，我跟人谈论在师级继续建立反情报体系的问题。一开始，美国远征军总部的人员心中有疑虑，认为这个是不必要的，因为他们认为将会损失大量人员，体系也无法维持下去。不过，在我向他们解释，一旦有人离开，每个组织的负责人要负责尽快选出新人后，他们改变了态度。他们都同意，这一反情报体系在美国交出了完美答卷，如果在法国保持原班人马，那么他们也会在法国交出同样令人满意的答卷。因此，我觉得美国远征军总部愿意在法国建立这么一个体系。现在让我们回到这封信的主题吧。

每个目的港都应该有一个情报官员。霍布肯的情报官员不仅要负责霍布肯，还要负责布什码头（Bush Terminal）和布鲁克林的起航点。如果他现在管理的区域不是这么大，那么他从第二天起得管理这么大的区域。他一旦得知某部决定出航（他应当尽早得到消息），应当和该部的情报官员——师的反情报官员——取得联系。如果可能，那么他们最好一起去找该部即将上船的海军情报官员。师部所在船只由师反情报官员负责。而在运输师其他部门的船队上，高级反情报官员应当和海军反情报官员保持联络。部队的反情报官员和海军情报官员应当保持信息通畅。双方要互相了解部队和船员中的任何可疑分子。在整个航行中，他们都要保持联络。一旦抵达目的港，港口管理官员（当然是后勤部反情报官员）应当立刻和部队反情报官员、海军情报官员取得联系。而海军舰船到达一个美国港口后，港口的情报官员（反情报官员）应当和海军情报官员取得联系。这将保证海军舰船的反情报工作严格进行。

现在，我们并不知道英国船只和海军的相关安排。我认为，霍布肯的情报官员应当做一下调研，看看我们能够做些什么改进。如果需要英国军事情报部门的合作，那么你可以和斯洛康姆说一下我们的想法，从而顺利得到必要的指导。无论如何，我们需要完成的目标是，在航行和抵达英法时，在目的港确保建立一个完善的反情报信息与合作系统。

在实施这一计划和其他港口管理工作中，大西洋两岸的各个港口管理官员都有必要进行电报联络。我不赞成允许他们互相直接发送电报。电报线路过于拥挤，我们有必要将电报数量减少得越少越好。由于我们的许多港口管理官员没什么经验，我建议电报联络这样进行：法国的港口管理官员发报给后勤部反情报部门负责人——在巴黎的瓦尔德上校，然后由驻巴黎武官传给军事情报司；英国的港口管理官员发报给后勤部反情报部门高级官员——在伦敦的瓦特纳上尉，然后由驻伦敦武官传给军事情报司；美国的港口管理官员发报给军事情报司，然后通过驻巴黎武官或驻伦敦武官转给后勤部在巴黎的反情报部门负责人。通过谁转发取决于这件事和法国有关，还是和英国有关。发报内容包括可疑分子出海警告，以及其他需要两边反情报部门联络的内容。美国的港口管理官员应当有权互相直接联络，并抄送给军事情报司。大西洋这一边也是如此，信件要抄送给美国远征军总部。我可以负责此事。

你知道的，我们的反情报部门，十分……

真诚的

R. H. 范德曼

约翰·潘兴致范德曼

（1918 年 11 月 29 日）

R. H. 范德曼上校
美国远征军总部 G-2 部门
法国

亲爱的范德曼上校：

我很高兴地通知你，10 月 20 日，我推荐你晋升准将。我推荐的理由是你在美国远征军中工作优异。

可惜在停战协议签订后，战争部暂停了总参谋部所有军官的军衔晋升，我很抱歉你的卓越表现暂时不会得到应有的认可。

真诚的
约翰·潘兴

范德曼致马尔伯罗·丘吉尔[1]

（1918年11月13日）

密件

鉴于布尔什维克及相关分子试图四处煽风点火，我们认为最重要的是要严格依照护照管理体系。我建议你和司法部保持密切联络，向他们告知在美国加强措施的重要性，并且及时向你通报。至关重要的是，我们要随时得知美国护照管理情况，并且要拥有与革命运动有关系的赴欧和在欧的美国人的名单。此事要尽可能保持低调。

R. H. 范德曼

1　此信通过在巴黎的雅德利转交。——原注

范德曼致马尔伯罗·丘吉尔

（1918年11月13日）

马尔伯罗·丘吉尔准将
军事情报司负责人
华盛顿

亲爱的丘吉尔：

我刚刚让雅德利给你发了一封电报，将他带到欧洲的特别密码传给你。

你收到上面这封电报前，应当收到了来自这里和瑞士、意大利、荷兰以及其他地方的报告，内容是布尔什维克分子和相关人士已经开展宣传。我想我无须告诉你他们的活动意味着什么，也无须告诉你他们的目标是什么——一场全世界范围的社会和政治革命。换言之，他们的目标就是充分实现国际主义者的梦想。如果他们能够实施自己的计划，那么你我都知道将会发生什么事情。

从我们的立场（情报部门）出发，我们要做的第一件事应当是确定这一宣传在多大程度上渗透进了我们的军队，其次是采取任何可能措施以消除现有影响，并遏止布尔什维克—国际主义者的未来计划。我们已经通过部队里的反情报组织开始工作了。一旦得到任何结果，我都会立刻告知你。毫无疑问，从现在起，我们要经历一段十分困难的时期，直到部队复员。我们要竭尽全力确保我们的军队尽快回国复员。在最乐观的情况下，这要花费约一年时间。在此期间，维持我们驻法军队的纪律，将是一个极其困难的任务。这是乐观情况下的估计，但是现在革命这档子事一出，我们都说不准会发生什么。意大利——尤其是北意大利——即将沸腾；奥匈帝国现在实际上已经解体；比利时看上去也要被革命者拿下；法国和波兰的状况最危险；荷兰和瑞典一样复杂；至于俄国的情况，你是知道的。因此，总的来说，我们要经历一段时期，它对世界文明的威胁要比我们刚刚经历过的那段时期的威胁还要大。我们将竭尽全力渡过这一时期，我建议军事情报司密切关注美国局势。我们应当让军事情报司知道事态发展。为了阻止革命分子流窜，我们应当继续有效地开展护照管理工作，密切监控美国和欧洲的知名革命分子。

我觉得，我们的情报部门应当与各国政府的文职部门开展密切合作。这算不上一次“战争行为”，只是为了对抗世界无政府主义和革命的一次尝试。我认为，我们要不惜一切手段进行抵抗。

你不要认为我是在危言耸听。我不得不认为，未来十分危急。请告知我，你对此事的看法，以及美国局势的进展。

最真诚的

R. H. 范德曼

总参谋部上校

范德曼致马尔伯罗·丘吉尔

（1918 年 8 月 13 日）

马尔伯罗·丘吉尔上校
军事情报司负责人
华盛顿

亲爱的丘吉尔：

我收到了两封信：一封信来自华盛顿，告知我总参谋部组织的可能变更；另一份信来自纽约，我是在瑞士及时收到的。

我很高兴获悉情报部门最终升格为一个司，迫不及待想看到正式命令的发布。我祝贺你在促成此事上发挥的作用。

我 8 月 9 日从瑞士返回，刚刚写完我的报告，报告副本很快就会寄给你。报告很简短，但你读完会对这里的整体情况和需求有个了解。从 7 月 25 日到 8 月 9 日，我一直在瑞士，并且参观了瑞士西北部和北部很多地方，从而能够亲身体会当地状况，也能和驻外武官领导下进行情报工作的领事和副领事交谈。我同样拜会了盟国情报部门的官员，并与他们交谈。我认为，我已经在我和他们之间建立了一个良好的基础，从而能够更好、更有效率地在瑞士开展合作——尤其是在反情报工作领域。我也前往盟国情报部门的办公地，这些部门的工作人员毫无保留地向我介绍了他们的全部工作。我本想从依云镇、阿讷马斯和贝尔福回法国，并顺道拜访这些地方的法国情报部门，但“西班牙大流感”[1] 的迅速传播，使得法国人要对从瑞士入境的人员进行隔离

1 “西班牙大流感”，即 1918 年流感大流行，但起源地并非西班牙。——编注

检疫，因而我从蓬塔利耶原路返回。我前往蓬塔利耶的情报站，和法国边境情报部门负责人共进午餐，后者专门从贝尔福来见我。蓬塔利耶情报站很重要，因为它是盟国在法国和瑞士之间往来的必经之路。几乎所有往返于两个国家的交通都要经过这里。我们有个情报官员，他很熟悉这里的英国和法国情报部门。所有从德国“遣返”回法国的人都要经过阿讷马斯（就在日内瓦东边）。法国人在这里有一个效率很高的情报站，我们在这里也有一个情报站，并和法国人的关系密切。英国人在这里也有一个情报站。人们从“遣返人员”那里得到了许多情报，这些情报在我们三国情报部门之间自由流通。德国佬（Boche）经常派间谍以这种方式入境，所以我们要对人员进行检查。

依云镇在日内瓦湖的法国这一侧，就在洛桑（Lausanne）正南。依云镇有法国和英国的情报站。我们在这里也有一个情报站，和他们的关系密切。这里的工作主要是反情报工作。间谍受令前往瑞士执行任务。瑞士情报部门有关密写和解码的工作绝大多数都要转寄到这里。

贝尔福是整个边境情报部门的总部，我们和英国都在这里有情报站。所有来自瑞士（法国情报部门）的信息都要寄到这里，经检查后再寄到巴黎和法国总部。来自阿尔萨斯、洛林乃至德国的信息也都寄到这里。这是法国的功勋情报部门，他们取得了一些令人瞩目的成绩。比如，在德国 7 月 15 日发起攻势十二个小时前，法国人手上已经有了全部进攻计划。在德国炮兵开火一个小时前，法军已经开始炮击。当然，法国情报部门能有优异表现是由于他们一直有阿尔萨斯间谍。这一部门里的几乎所有法国官员都是阿尔萨斯人，绝大多数人都以化名执行任务。原因很简单，他们是从德军里逃出来的。一旦我从北边回来，我还要再去一趟，拜访这个部门。

朗格勒建起了一座情报学校，而且办得不错。我今天去了一趟。诺兰希望我能够找一些教官，如果有需要，就把他们派回美国。我建议最好在华盛顿也建立一所类似的学校。一旦你那边工作就绪，我就让诺兰把这批人派回去。这样，你在华盛顿就有一套师级和团级情报官员，无须像现在一样要把自己手下的人派出去。顺便说一句，朗格勒学校的负责人说，预备役和国民军军官几乎看不懂等高线图，因而他建议每一位派往军队的情报官员，最好事先经过完整的识图培训。我对此由衷赞同。

我回来时，来不及见到李普曼和布兰肯霍恩（Blankenhorn），他们都去了伦敦。我打算去伦敦见他们，或者等他们回来再说。在瑞士期间，奥拉夫林少校和我在一起，他就瑞士的宣传工作写了一份十分详尽的报告，现在已经摆在诺兰的桌上。我希望他能与我一起去荷兰、丹麦和瑞典。这样，他可以就整个主题写出一份报告了。

最真诚的

R. H. 范德曼

总参谋部上校

范德曼致利兰·哈里森

（1918 年 10 月 15 日）

利兰·哈里森先生
国务院
华盛顿

亲爱的哈里森：

我一直想找个机会给你写封信，但我一直在奔波，没有时间写信。几天前，我回到了美国远征军总部，所以有时间给你写信了。这封信的主题还是我们讨论了多次的护照管理问题。我就此事在法国、英国、瑞士和荷兰进行了调研，也和我们驻哥本哈根（管理范围包括丹麦和挪威）武官讨论了这件事。我从荷兰回来后，命令他前往伦敦和我讨论。我希望能够在接下来两个月的时间里，调研一下马德里和罗马的护照管理情况。不过，我确信意大利和西班牙的情况跟我去过的国家应该是一样的。

显而易见，战争期间，我们有必要“管理”出入美国的所有类型旅客、所有持美国护照往来于签发护照国家之间的旅客。我们必须尽可能避免敌方间谍和其他行为有害于美国及其盟国的各类人员流窜。允许敌方间谍流窜，就是在帮助我们在战争中的敌人，也就是让我军出现更多伤亡、让战争进程进一步延长。因此，对旅行进行管理是军事上的必须手段。

护照和签证的签发属于国务院的管辖范围。国务院官员管理这些工作。军方之所以要参与这些工作的唯一原因是，军方的首要任务就是进行战争，而军方通过情报部门可以得到与嫌疑分子和敌方活动有关的信息。但这些信息是政府其他部门无法获知的。

本信不涉及美国港口的管理工作。我在这里只讨论外国的护照签发和签证问题。

以上是为什么军方要参与这一工作的原因。“对与 1918 年 5 月 22 日法案有关的行政部门官员的秘密指示”（第 154 号），以及 1917 年 7 月 26 日第 535 号基本指示在 1918 年 6 月 5 日的第 1 号补充条款，都给出了同样的理由。

这些指令要求（至少我从第 1 号补充条款第 1 款引用的文字是这样）所有有关签证的申请，都要提交到驻外武官或海军武官——或者要向两者提交。武官要从敌方行动角度检查申请人是否存在问题，进而驳回申请。

这一规定适用于拥有我们驻外武官和海军武官的所有国家。法国是一个例外，因为国务院授权在这里组建一个护照管理部门。在这个护照管理部门中，军方代表是美国远征军反情报部门派来的一名军官。驻外武官相关职责移交到他的身上。不过，驻外武官依然与护照管理部门保持密切联系。

这一部门的建立极大地便利了护照管理工作，系统也运行良好。了解情况的国务院官员要是能来看一看，肯定会满意而归。

我确信你很了解法国的情况，明白建立这个部门的必要性。它向国务院提供有关嫌疑分子的信息，而这些信息在别的地方得不到。此外，要是护照工作属于大使馆，大使会不断受到想要签证的人带来的压力。这个部门的建立也让大使免受这份压力。我从个人渠道了解到，大使希望他有权推翻护照管理部门的决定。我希望不要这样，不是出于护照管理部门的考虑，而是因为护照管理职能无论如何不能和外交职能扯上关系。护照管理本质上是军事事务，它之所以出现，是军事局势的要求。护照管理部门也简化了对旅行的管理，获得了许多只有通过这一体系才能得到的有关嫌疑分子的信息，在每个方面有利于效率提升和协调。

如你所知，英国是美国远征军后勤部的三号基地。因此，美国远征军后勤部反情报部门在这里有代表。这里的情况实际上和法国一样。因此，和法国一样，我们也应该在英国建一个护照管理部门。除了伦敦的总领事，每个人都赞成这一想法。情报部门、驻外武官和大使馆都附议此事，但迄今未能取得实际进展。英国局势有着更复杂的考量。

我此前在法国、英国、瑞士和荷兰做了个人调研，并且与各国文职官员和军事官员进行了详尽讨论。我的结论是，最安全、最快捷、最好处理这一问题的方法就是像在巴黎一样，在每个国家的边境都建立一个护照管理部门。部门不应当设在大使馆或公使馆。我认为，它应该设立在独立的一栋大楼中，但不应该距离驻外武官或海军武官办公室太远。军方应向护照管理部门派一名代表，所有签证及领事馆关于申请人的所有信息都要交给他。军方代表的职责是从军方角度审查签证申请。

我们要牢记，军方在此事之中的唯一兴趣是，确保没有任何一个有害于美国军事利益的人被允许出入境。但实际签证的签发属于国务院的管辖范围。另一方面，一旦军方认为不要签发签证，领事馆、大使馆和公使馆也不应该签发签证，除非军方的意见被华盛顿推翻。此外，上级命令应当特别指出，军方无须为反对签发签证提供理由。这一点是必要的，因为一旦透露反对的理由，不仅往往会惊动被拒绝的人，而且还会惊动与他有关的其他人，他们就会意识到军方秘密档案里面有他们的什么不良记录。显然，这不仅是我们不愿意看到的，而且会让敌方间谍确信自己已被我方怀疑，这样我们就更难对付他们了。

据我所知，各国护照管理工作情况如下：

法国：在国务院命令下，巴黎建立了一个护照管理部门。部门有一个属于后勤部反情报部门的官员，所有关于签证的申请都要交给他。该官员负责从他手中所有信息渠道检查申请人的档案（这就意味着，不仅是我们情报部门手中的档案，还有所有盟国情报部门手中的档案），并向部门负责人汇报，从情报部门的角度出发，是否拒绝签发这一签证。

我认为，这一部门接受的是国务院的领导，而非直接受领事部门的领导。从军方的角度来看，国务院领导还是领事部门领导无关紧要，关键在于军方必须有权拒绝签发签证，而且除了华盛顿的国务院，没有哪个部门能够推翻军方的意见。巴黎的护照管理部门运行良好，实现了既定目标。

英国：在我写下这封信时，英国还没有建立任何护照管理部门。军方和驻伦敦大使馆都建议像法国那样建立一个护照管理部门，但迄今没有结果。我相信，这是总领事的态度作祟，他认为这会干涉他的特权。正如我在信中第一部分试图指出的，实情并非如此。如果可行，那么护照管理部门可以直接建立在总领事手下，并非像巴黎那样建立在国务院手下。但是，坦率地说，无论护照管理部门属于何者管辖，我不认为，我们允许总领事的反对意见——他的特权被干涉了——阻碍捍卫美国利益和保卫我们军队。现在英国的工作进展并不令人满意，所以我极力建议按照巴黎的护照管理部门那样建立一个护照管理部门。从军方角度来说，护照管理部门属于国务院还是领事部门管辖，是无关紧要的问题。由于英国是美国远征军后勤部的三号基地，护照管理部门的军方代表应当是来自后勤部反情报部门的代表，而不是来自驻外武官办公室的代表。

瑞士：中立国的情况与英国和法国的情况大不相同。在中立国，我们唯一的军方代表是驻外武官办公室。他的办公室拥有情报嫌疑人名单，能够和华盛顿的军事情报司、美国远征军总部 G–2 部门直接进行电报联络。他也和各盟国政府情报部门有着密切联络。因此，出于提高效率和节省开支的考虑，如果要建立一个护照管理部门，那么部门里的代表应该来自驻外武官办公室。我认为在所有中立国都要这样做。目前，护照管理工作做得还不错，处理这一工作的部门位于驻外武官办公室所在地。不过，这个部门并不属于驻外武官办公室。对签证申请者的检查工作则由驻外武官办公室负责。我建议像巴黎一样在瑞士建立一个护照管理办公室，不过军方代表应当由驻外武官从他的副手中挑选一个。

荷兰：情况并不令人满意，在公使的指导下，公使馆负责护照签证工作。公使馆大楼内建立了一个部门。部门运行良好，记录规范。然而，我认为让公使馆执行这一工作是错误的。公使馆的职责是维系所在国和美国的良好关系。而拒绝签发签证往往被视为不友好行为，经常引起申请人及亲友的激烈抗议，而他们很多时候是该国有影响力的公民或官员。如果护照管理部门位于公使馆下，那么这些抗议就会冲着公使或参赞。而我们应当避免这一情况发生。在我离开海牙的那一天，有五到六人——其中两人是荷兰高级官员——正在公使馆抗议他们的朋友的签证遭拒一事，并要求我方给出理由。如果像瑞士那样建立一个护照管理部门，那么情况就会大为改善。我们在荷兰有一个驻外海军武官，如果他愿意，那么他的办公室应当向护照管理部门派一个代表。

丹麦和挪威：我没去过这些国家，但与驻那里的武官和海军武官有过详尽交流。有关签证的申请都提交到驻外武官和海军武官手中。显然，目标追寻——即限制嫌疑分子出入境——工作做得不错。不过，审核签证申请的工作效率取决于驻外武官的精力。这种组织形式是有缺陷的，我建议像在荷兰那样建立一个护照管理部门。

瑞典：我既没去过瑞典，也没和驻瑞典武官谈过话。不过，我和熟悉瑞典情况的驻哥本哈根武官谈过话。根据他和其他人提供的信息，我认为最好像在荷兰那样建立一个部门。

意大利：我也没去过意大利，但我不久以后可能会去一趟。我们在意大利没有驻军（至少军队数量没有多到要设置一个指挥官的程度），所以我认为，为了完成护照管理工作，我们应当像对待中立国那样对待意大利。除非我在意大利发现的情况和我的想法大相径庭，否则我建议像在荷兰那样建立一个护照管理部门。

西班牙：我也没去过西班牙。不过，西班牙是一个中立国，可以像在荷兰那样建立一个部门。

希腊：我没去过希腊，以后也不打算去。我不清楚那里的护照管理情况。不过，对我们而言，希腊情况和意大利差不多，我建议像在荷兰那样建立一个护照管理部门。

日本：对我们而言，日本的情况和意大利差不多。英国情报机构最近在横滨建立了一个与日本情报机构关系密切的护照管理部门，此举得到了日本人的欢迎。这点倒让英国人很意外。因此，我相信我们也该做同样的事，像在荷兰那样建立一个部门。日本的情况只有一点和意大利不同，那就是因为俄国布尔什维克会试图出入美国。从一个护照管理部门的角度来看，布尔什维克这件事关系重大。

西伯利亚：符拉迪沃斯托克（海参崴）应设置一个护照管理部门，军方代表来自美国驻西伯利亚军队总部情报部门。换言之，西伯利亚的安排要与我们在英国和法国的安排一样。

中国：考虑到敌方间谍也许试图经中国华北出入西伯利亚，我们应该在中国也有一个护照管理部门。当然，我们在中国有驻军，但驻华军队的地位与驻法国、英国和西伯利亚的军队不一样。因此，我建议像在荷兰那样在中国建立一个护照管理部门。部门设在北京或天津。

古巴：在护照管理方面，我们对待古巴应当像对待中立国那样，并像在荷兰那样建立一个护照管理部门。

其他国家：无论是中立国还是交战国，只要我们有驻那里的武官或海军武官，都应当像在荷兰那样建立一个护照管理部门。

这是一封冗长而又乏味的信，但我感觉我应当把我关于此事的所有观点都告诉你。我觉得我应当将自己亲身体验得到的信息，以及我从经验中得到的结论告诉你。因此，请在这个前提下看待本信。这不是一封公函。我会抄送给丘吉尔将军。不过，仅仅是让他知道我对此事的个人看法。如果你想讨论这些事情，那么我们不该让丘吉尔先生知道吗？

我希望我能够当面和你谈谈这些事，而不是写信，这样就能节省你读信的时间了，但做不到啊！

除了伦敦，领事部门和军方代表之间不会有任何摩擦。双方追寻的目标完全一致，我写这封信只是想建议一项解决问题的措施。我认为这一措施可以用最少的时间和精力，最有效率地实现我们的目标。

最真诚的

R. H. 范德曼

范德曼致约瑟夫·格鲁

（1919 年 8 月 4 日）

法国巴黎

寄信人：总参谋部消极情报分部 R. H. 范德曼上校
收信人：和会美国代表团秘书长
主　题：报告

由于我受命前往美国向总参谋长报到，我提交以下有关消极情报分部活动的报告，以及和会美国代表团行政官员签发的备忘录所包含的要求。

美国远征军总指挥官收到了以下这封日期为 1918 年 11 月 20 日的电报——

1918 年 11 月 21 日

第 222-R 号
11 月 20 日

机密

潘兴
美国陆军

第二段：命令拉尔夫·范德曼上校向布利斯将军报到，在和约签订前负责反情报工作。他可以调动任何他认为有必要的情报人员，你方要为他执行任务提供任何便利。如果范德曼无法执行本任务，那么请你方再另行推荐一名。

哈里斯

连同本命令还下达了如下指示：

美国远征军总部

总参谋部 G-2 部门

1918 年 11 月 27 日

发信人：G-2 部门负责人

收信人：总参谋部 R. H. 范德曼上校

主　题：指示

1. 按照战争部的机密指示，你需要前往法国巴黎，向名誉[1]将军塔斯克 · K. 布利斯报到并寻求指示。

2. 为了便于你执行战争部的指示，你有权向参谋部 G–2 部门、各部队总部及任何附属组织，寻求协助以执行指示。

3. 你也有权向巴黎的美军指挥官和宪兵司令咨询，他们将向你提供必要便利，帮助你履行职责。

4. 本信抄送在巴黎的美军指挥官和宪兵司令。

D. E. 诺兰

总参谋部准将

G–2 部门负责人

同时，还签发了以下指示：

1　Brevet，指不加薪的临时晋升军衔。

和会美国代表团
巴黎协和广场 4 号

1918 年 12 月 5 日

发信人：美国陆军塔斯克 · H. 布利斯将军
收信人：美国陆军总参谋部 R. H. 范德曼上校
主 题：指示

在你向我报到之后，按照战争部 1918 年 11 月 20 日第 225 号机密电报第二段，及美国远征军总部 G–2 部门负责人写给你的信的第一段的相关表述，特向你发出如下指令：

和会美国代表团的办公地、人员驻地及档案都得到了妥善保护；和会美国代表团成员的安全得到了全天候的有效保障；和会美国代表团的办公地和人员驻地所雇用的人员，包括秘书、传令兵、邮递员、信使、接线员、管家和勤杂工都是忠诚可靠的；通信线路得到了有效保障。总而言之，一切与和会美国代表团有关的、关于消极情报的措施，只要在任何时刻是有必要的、可取的，都得到了落实。

为了履行以上指令，你有权行使美国远征军总部 G–2 部门负责人在 1918 年 11 月 27 日写给你的信中赋予你的权力。

必要时，为了行使你的权力，你可以直接和任何部门、任何局、任何办公室或任何人直接联系。

塔斯克 · H. 布利斯
美国陆军荣誉将军

下达以上指示是为了将已经存在的机构利用起来，避免再为和会美国代表团组建一个特别的组织，从而浪费金钱和时间。这一计划执行得十分成功。（消极情报——反情报工作——分部的全部人员都来自美国远征军，而开展工作所需开支没有花和会美国代表团一分钱。）

分部在收到上面的命令和指示后立即开始了工作。

分部人员包括三个来自和会美国代表团的军人，包括速记员兼秘书主任威廉姆斯·W. 麦金农（Wm. W. McKinnon）中士和档案管理员劳伦斯·F. 汉塞尔（Lawrence F. Hansel）中士，还有一个作为传令兵的二等兵。这是和会美国代表团提供的仅有人员。1919 年 5 月 22 日，上面两个有名字的军官被调往情报警察部队并担任中士。来自和会美国代表团的人员只剩下那个二等兵。

1918 年 12 月 2 日，奥格登·L. 米尔斯上尉从后勤部 G–2 部门办公室调为我的副手。1919 年 5 月 1 日，他虽然复员了，但是继续为我义务工作，直到他在 1919 年 5 月 31 日回到美国。我对米尔斯上尉在执行分配给他的工作方面十分欣赏。米尔斯上尉离开后，P. H. 莫斯利（P. H. Moseley）中尉接任我的副手，此外，他还要负责总部 G–2 部门档案室，这个档案室被暂借给和会美国代表团使用。莫斯利中尉极为可靠，工作效率很高。

在有关和会美国代表团的工作方面，消极情报分部的职责包括避免和会美国代表团的行动受到外界组织干扰。为了履行这一职责，必须要做到以下三点：

（1）安全保障和会美国代表团的档案。

（2）保护和会美国代表团人员和工作人员的安全。

（3）采取措施并防止任何外部组织可能的间谍行为。

当然，为了实现以上目标，和会美国代表团雇用的人员必须是可靠的。任何已知具有不忠诚思想、无政府主义和恐怖主义倾向的人都不得进入和会美国代表团大楼。必须全程严格监控所有进入和会美国代表团大楼且思想和所属组织不明的人。严格保证通信系统——电报和电话——不发生“窃听”和“接入”的情况。这就意味着，所有传令兵、信使、电话接线员、酒店雇员、秘书、打字员和勤杂工等在被雇用前，都要接受仔细审查。我们必须知道，被允许进入和会美国代表团大楼的人有谁，他们进了大楼里哪些地方，以及他们何时离开大楼。此外，由于漫长战事之后的特殊情况，我们要确保没有不良动机的人可以在大楼门口徘徊。为了实现这一目标，我们要建立一个通行证系统，并详细制订一个计划，监控允许进入各办公室和各房间且思想状况未知的人。这一工作的实施需要后勤部 G–2 部门所属的一支得到精心挑选的情报警官组织，其成员接受一小群受过情报工作训练并同属后勤部 G–2 部门的官员领导。这些人按照上述引用的命令和指导履行职责，不使用和会美国代表团的经费。其最初人员包括三位军官［科尔维尔（Colwell）、布雷福特（Brevoort）和霍恩布罗（Hornblow）上尉］和 35 名情报警官。这一组织后来扩充到 7 位军官和 60 名情报警官。随着工作需要，组织规模又逐渐缩小了。当美国远征军后勤部 G–2 部门解散时，这一组织的军官和情报警官转给了美国远征军总部 G–2 部门，接受我的领导。从当时直到现在，库珀（Cooper）少校是该组织负责人。现在该组织有 6 名官员、2 名陆军战地职员和 35 名情报警官。

为了进行"护照管理"工作，我们向和会美国代表团全体人员——包括传令兵、信使、仆人等——发放了带有本人照片的通行证。他们可凭通行证在任何时刻进入克利翁酒店及协和广场 4 号。我们向媒体记者发放了第二类通行证，其中有些人允许与和会美国代表团成员参加晨间会议。所有通行证都是以和会美国代表团的名义发放的，并有签发通行证的人事部门的书面证明。"媒体通行证"上只有"媒体局"所开具的书面要求，以及记者执行委员会的一个声明，证明可以向此人发放通行证。

通行证有时还会发放给盟国政府的一些官员，以及和会美国代表团外需要访问代表团的人员。

陆军所有将级官员、政府与盟国政府高级官员，在经过身份核验后，无须任何通行证即可通行。此外，任何没有通行证的人要在克利翁酒店或协和广场 4 号的接待室内填写申请表，得到一份"出入通行证"，上面有该人姓名及想拜访的办公室。当此人离开大楼时，他需要将"出入通行证"交还给大门处的情报警官。由于这些通行证都有案可查，我们可以随时发现大楼内是否有没有永久通行证的人。

除了大楼各大门处及接待室的情报警官，我们还命令一些情报警官昼夜不停地在大楼内巡逻，观察进出人员，并检查任何形迹可疑人员的证件。由于大楼内所有人（除了上面提到的例外）都需要随身携带永久通行证或“出入通行证”，情报警官有权在大楼内查验任何人的证件。

此外，我们密切监控办公室和起居室，保证在房间无人时，任何重要和机密文件不会丢失。我们还对一些电话进行了监控，尤其保证涉及机密的谈话不会被窃听。

在和会美国代表团赋予的职责之外，我们与美国远征军总部 G-2 部门和后勤部 G-2 部门、华盛顿的军事情报司、世界各地的驻外武官、国务院、特勤局及盟国的情报部门保持密切联络，进而发现在巴黎出现的任何可疑分子。一旦可疑分子打算进入大楼，我们能得到预警。

作为特别预防手段，情报警官全天 24 小时在档案室和制图室担任守卫。

我们监督着所有废纸。一名情报警官每天要直接监督焚烧废纸篮内废纸。办公室关闭后，所有废弃档案都要在情报警官的监督下销毁。

在法国保安局的请求下，两名情报警官和保安局特工一起出席奥赛宫（Palais d' Orsay）和凡尔赛宫（Versailles）的全体大会。

在美国特勤局局长莫兰先生的要求下，我们特别挑选了情报警官在总统下榻的穆拉亲王宫执勤。

由于同盟国在法国——尤其在巴黎——依然进行间谍活动，当有可疑分子接近和会美国代表团军方成员时，我们要向该成员发出警示。这件事由我亲自以最安全、最机密的形式进行。

以上概述了保护大楼、相关档案及人员的各项措施。

至于整个反情报工作，我们就很难详细报告了。我们只能说，我们认真开展了工作。在此期间，英国情报部门提供了大力支持，法国第二局也提供了一定的支持。不过，大部分工作是由我们自己的情报组织完成的，包括总参谋部军事情报司、美国远征军总部 G-2 部门、美国远征军后勤部 G-2 部门、我们的驻外武官和各个部门的特工。

除了反情报工作的例行工作，消极情报分部还应秘书长的要求，开展有关“布尔什维主义”及相关活动的工作。和会美国代表团收到的所有关于此事的电报和报告都交给了消极情报分部，而总参谋部军事情报司也命令我们的驻外武官直接向我报告他们获得的任何有关这一方面的信息。

1918 年 12 月 12 日起，消极情报分部每天发布一则简报，概述过去 24 小时里分部收到的一切有关“布尔什维主义”及相关活动的信息。消极情报分部每月还会发布一则简报，概述出现“布尔什维主义”及相关活动的世界各国情况。

在结束这份报告前，我想对过去八个半月来，有关官员和情报警官在我的直接领导下做出的卓越工作，致以深深感谢。他们的工作需要智慧、老练和自我牺牲精神。我相信，和会美国代表团也同样会感谢他们的工作。

至于我本人，我想感谢和会美国代表团每一位成员对我的友善和好意。我尤其要感谢秘书长约瑟夫·格鲁先生，感谢他在有关工作中提供支持并给予帮助。

R. H. 范德曼

总参谋部上校

消极情报分部负责人

译后记

美国流行文化刻画的间谍形象为很多人所向往。银幕上的经典形象数不胜数：《谍影重重》的杰森·伯恩、《碟中谍》的伊森·亨特、《史密斯夫妇》中皮特和茱莉所饰演的欢喜冤家……而不少国人更是对美国中央情报局、联邦调查局、国家安全局乃至美国特勤局这些名词了如指掌。在流行文化给我们描绘的画卷中，情报工作紧张、刺激，间谍更是外有墨镜风衣、香车美女，内有十八般武艺、样样精通，堪称文化工业的一个经典意象。

经典形象背后必然有现实的影子，世界一流的间谍文化背后是堪称世界一流的美国情报工作。美国情报工作历来都那么强大吗？要回答这个问题，就必须深究它的发展史。追本溯源无疑是很有趣的事情，既可以让我们一窥草创时期的究竟，也可以让我们得到一些启发。这就是本书的魅力所在。

说来惭愧，第一次听到范德曼这个名字，还是在译者与金城出版社合作翻译的第一本书《美国全球权力的兴衰》[1]里，提到范德曼是“美国军事情报之父”，仅此而已。一直到翻译这本书，译者才对范德曼的地位和作用有着更深的理解。

范德曼是谁？不仅中国读者不认识，连大部分美国读者也不熟悉，甚至本书里，波维上校所写的导言都不得不介绍一遍范德曼的基本生平。而且我们如果看看范德曼的履历，就会发现似乎稀松平常。他为美国陆军服务长达55年，活动范围遍及菲律宾、中国、欧洲和美国本土，最后以少

1 ［美］阿尔弗雷德·W. 麦考伊：《美国全球权力的兴衰》，小毛线译，金城出版社，2019年。

将军衔退役。他虽然亲历过美西战争和第一次世界大战，但是没有在前线带过一兵一卒，没有指挥过任何战斗。少将军衔也显然比不上五星上将星光熠熠。但是，读完此书的我们，不得不承认一点，范德曼对于美国的崛起至关重要。

这本书的主体部分是范德曼晚年写的备忘录。他以当事者的视角提供了极其珍贵而又可靠的历史信息，谦逊而又不失风度地勾勒出范德曼为美国情报尤其是军事情报工作做出的巨大贡献。

第一，范德曼为美国军事情报工作奠定了组织架构和基本理念。在军事情报方面，人们往往认为美国开国领袖华盛顿、一战时期的丹尼斯·诺兰，或二战期间的多诺万是开创者，但实际上，19、20 世纪之交的范德曼才是真正现代意义的开创者。范德曼不是美国陆军情报部门的首任领导人，却是主导军事情报部门重建并延续至今的第一功臣。范德曼在备忘录中多次提到，他是重建时唯一具有相关情报工作经验的人。因此，可以说，美国情报界成员机构相关人士后来都是学着他的经验成长起来的。他提出情报可分为积极情报和消极情报，积极情报是获取对方情报，消极情报则是反情报工作，以阻止对方获得自己的情报。他提出的这种情报两分，至今仍是情报工作的核心概念。

第二，范德曼为美国军事情报工作开创了一系列实践和模式。范德曼早年一段时间在菲律宾工作，负责菲律宾的军事情报工作。在那里，他组建了最早的情报搜集系统，尤其是和平民线人合作监控叛乱者，更是开创了情报搜集的新模式。一战爆发以后，范德曼回到美国，将菲律宾模式引回美国本土，主导了半官方组织“美国保卫同盟”监控德裔美国人和可疑分子。我们都知道今天美国对其国内外无孔不入的监控窃听，斯诺登所揭露的不过是冰山一角，而范德曼所主导的这个体系，恰恰正是这个无时不在的怪物的前身与雏形。

第三，范德曼为冷战情报工作打响了先声。范德曼在一战时美国参战后被调往欧洲战争负责军事情报工作，后来也在巴黎和会美国代表团中进一步负责安保和情报工作。他在此期间接触到大量有关俄国十月革命的情报，了解了很多美国共产主义者的活动。退休后，范德曼继续发挥余热，热衷于搜集美国当局眼中“嫌疑分子”“赤色分子”的档案。美国情报部门对他的档案十分倚重，后来将其当成麦卡锡主义迫害进步人士的利器。

以上可以说是范德曼的贡献，那么这本书对于我们中国读者而言又有什么启示呢？译者认为有两点：一是了解更多情报常识，树立国家安全观。书中描绘的情报史向我们揭露了，在20世纪初波诡云谲的世界风云中，各国之间互相不择手段刺探情报。范德曼提出的积极情报和消极情报两分具有十分现实的意义。因此，虽然情报工作离我们很遥远，但是情报搜集工作每时每刻都在进行着。书中写道，一战时期为了获得美国军方部署，德国间谍会搜集部队期刊订阅记录、感恩节晚宴菜单，而现在随着互联网时代和信息社会的降临，信息流通的途径越来越多，我们普通人也要掌握国家安全常识，切实保守国家秘密，才能更好地为社会做出贡献。二是了解美国情报发展历史，从中汲取教训。范德曼在备忘录中提到，美国军方乃至美国高层一直以来对情报搜集重视不够，总参谋长甚至认为只要英法盟友有情报部门就行了，这种落后的观点严重阻碍了美国情报工作的开展。而译者尤为印象深刻的是，在军事情报司建立之初，部门手里的系统性情报少得可怜，仅有中美洲几个国家的地图和相关记录，世界主要大国的各种情报严重缺失。但过了一百年，美国的情报工作已成为世界范围内的执牛耳者。这对于我们而言，无疑会产生很多启发和思考。

这本书的翻译是一项殊为不易的工作，获得了许多人的帮助，恕我在这里就不一一列举了。

首先，感谢我的经纪人、女神读书会及读书会翻译组创始人夏小贵老师。这是我们合作的第四本书。她一如既往为读书会翻译组的工作呕心沥血，为译者提供各种帮助。她为译者免除了许多不必要的烦忧和叨扰，她是译稿最早的读者，提出了许多具有建设性的意见。她的观点和想法也不断启发着译者，加深我对本书的理解。以上所列举的种种，仅仅是夏老师众多贡献之沧海一粟，再多话语也有挂一漏万之虞，因而我对此只有表示深深感激。希望我们未来能够继续进行更多合作，以飨读者。

感谢女神读书会及读书会翻译组。这本书既是我的译作，也是女神读书会及读书会翻译组的成果。《美国外交政策及其智囊》[1]作者、英国著名

1 ［英］佩里·安德森：《美国外交政策及其智囊》，李岩译，金城出版社，2017年。

历史学家佩里·安德森教授曾经称赞过我们读书会翻译组是“勇敢”而又充满“热情”的，而翻译组不负重托，一直以来“努力工作”，“无私奉献”，致力于引入世界历史与国际政治类经典作品。而作为读书会翻译组的一分子，我很荣幸已经翻译了包括这本书在内的四本书。它们各有千秋，形散而神不散。《美国全球权力的兴衰》和《乔治·凯南与美国东亚政策》[1]着重描绘世界历史大势和美国外交政策，而《英国情报之父卡明爵士》与本书则见微知著，从英、美两国情报之父的个人经历入手，以微观的角度透视宏观的历史进程。

感谢金城出版社的大力支持和全面协助，尤其是责任编辑李涛老师，付出了很多辛劳，最终使得这本书得以面世。我对此万分感激。

感谢编者拉尔夫·韦伯的授权和支持。尤其要感谢本书主体的作者，也是本书的主人公范德曼将军。时隔半个多世纪，我们依然能够从他留下的文字中有所收获。我也诚挚地希望每位读者同样都能有所受益，这将是对范德曼、对编者、对本书译者的最高褒奖。

译者水平尚浅，错漏之处在所难免，敬请读者朋友批评指正。

小毛线

2020年3月31日

1　[美] 保罗·希尔：《乔治·凯南与美国东亚政策》，小毛线译，金城出版社，2020年。